明德行远
交通天下

U0623409

筚路蓝缕 玉汝于成

交大青年说

◎顾问 宫辉 赖远明

主编 白凯 徐洁

副主编 赵欣 李坤 黎昱睿

参编 李洪波 张迎迎 刘玉峰 游美月

胡娜 郭威 汤奥林

重庆大学出版社

图书在版编目（CIP）数据

交大青年说／白凯，徐洁主编. -- 5 版. -- 重庆：
重庆大学出版社，2023.12
ISBN 978-7-5624-9893-3

Ⅰ.①交… Ⅱ.①白… ②徐… Ⅲ.①重庆交通大学
—模范学生—先进事迹 Ⅳ.①K828.4

中国国家版本馆 CIP 数据核字（2023）第 217458 号

交大青年说
JIAO-DA QINGNIAN SHUO

主　编 白　凯　徐　洁
副主编 赵　欣　李　坤　黎昱睿
策划编辑：章　可

责任编辑：文　鹏　　版式设计：章　可
责任校对：谢　芳　　责任印制：赵　晟

*

重庆大学出版社出版发行
出版人：陈晓阳
社址：重庆市沙坪坝区大学城西路 21 号
邮编：401331
电话：（023）88617190　88617185（中小学）
传真：（023）88617186　88617166
网址：http://www.cqup.com.cn
邮箱：fxk@ cqup.com.cn（营销中心）
全国新华书店经销
重庆华林天美印务有限公司印刷

*

开本：890mm×1240mm　1/32　印张：8.125　字数：227 千
2023 年 12 月第 5 版　　2023 年 12 月第 5 次印刷
ISBN 978-7-5624-9893-3　定价：20.00 元

前　言

　　大学之大，海纳百川，可容五湖四海之水。既有潺潺的小溪积涓流，又有波澜不惊的野湖任涟漪，更有奔腾不息的大河汇千流。无论是静默沉寂，还是惊涛拍岸，交大青年始终坚持自己的方式，向这辽阔天地发出声音。巴山渝水，驰骋纵横，他们启程川藏路，朝着明媚的远方奔赴而去，一代又一代，生生不息。

　　用文字书写感动，用纸张留住青春。本书收录了重庆交通大学众多优秀学子的励志事迹，内容涉及学海泛舟、推免考研、自立自强、志愿服务、创业梦想等多个方面。

　　"我很执着，我想要去做的事，我一定要去做，而且要好好做"；交大足球队队员表示，"球在，梦想就在，不管是生活还是学习，只要有梦想，就值得去拼搏"；各类奖学金、学科竞赛、科研成果，这一切都是爱笑女孩毛笑笑刻苦付出的见证，"休言女子非英物，夜夜龙泉壁上鸣"，鲜花当赠英雄，巾帼何曾输须眉……每一位交大青年的事迹都如一本亟待翻阅的藏书。

　　面对梦想，他们笃定前行，素履以往；面对坎坷，他们筚路蓝缕，栉风沐雨；面对诱惑，他们坚守本色，从容淡然。若当下感到烦闷、痛苦、迷失，请反复告诫自己：相信脚下突现的泥泞，阻止你走向沼泽；相信眼前短暂的黑暗，帮助你发现微光。短暂的停驻只是为了更好地出发，就像旱季的到来，才让胡杨深扎大地。

　　"千淘万漉虽辛苦，吹尽狂沙始到金"，本书收录的交大青年的事迹如同一根根炽热燃烧着的蜡烛，期望这些火光能为你点亮心灯，做你航行的指路灯,照亮未知的旅程。"愿中国青年都摆脱冷气,只是向上走,不必听自暴自弃者流的话。能做事的做事,能发声的发声。有一分热,发一分光,就令萤火一般,也可以在黑暗里发一点光,不必等候炬火。"前路尚且遥远,愿你笑得纯粹,赢得坦荡,永远无所畏惧、意气风发,永远都是那自在如风的少年。你的青春或许会随时光消逝,但炽热的灵魂永远年轻。

编　者

2023 年 11 月

目　录

风华正茂　青春盎然

韶华不负　奋斗以成

大爱无言　青春无悔

逐梦青春 静待花开

不甘平凡   为梦而"创"

交通天下   有你有我

风华正茂　青春盎然

　　长路漫漫，人生充满未知和挑战，这正是旅途本身的迷人之处，不在于目的地，而在于沿途的风景。在最美好的年华里，读万卷书，行万里路，攀登一座座雄伟的山峰，领略"会当凌绝顶，一览众山小"的豪情；打包一颗积极向上的心，体悟"长风破浪会有时，直挂云帆济沧海"的昂扬；开启新的诗篇，邂逅一段倾城时光，感受"海阔凭鱼跃，天高任鸟飞"的蓬勃。

　　人如花飞，云如短歌；岁月不居，时节如流。从芳草萋萋走到繁花似锦，风景不断地转换；从冬雪皑皑待到春雨绵绵，四季不停地轮回。饮一杯暗香，赏一幅"千树万树梨花开"；沏一杯热茶，听一曲"随风潜入夜"；销一壶瑞脑，梦一场"海棠依旧"。时间有它自己的规则，花开花落自有时。

　　春的娇柔，夏的明媚，秋的优雅，冬的高洁，四季的美让你怦然心动。"对酒当歌，人生几何"，花虽美，也在期待着你留下硕果。当下正是启程的时候，请登上理想的船，扬起信念的帆，迎风前行。

奔赴山海，步履不停，下一站，翻身

　　陈燚琳，外国语学院 2019 级工程翻译实验班学生，在校期间四年总绩点 4.05，专业排名年级第一，英语专业四级优秀（90）、专业八级优秀（84）。她学习成绩优异，比赛成绩突出，曾获得国家奖学金、优秀学生一等奖学金，以及市级三好学生、外研社杯写作大赛重庆市二等奖、校级优秀学生干部、校科技创新个人等荣誉。

高绩点是垫脚石,更是花下的泥土

作为优秀毕业生,陈燊琳站在时间的阶梯上回想自己走来的这四年:"大一的状态是'些许懵懂'的,因为前路具有不确定性,但也想尽力把每个过程做到最好"。在刚步入大学时,新鲜的环境和丰富的社团活动充盈了她的生活,心里也一直怀揣着拿到奖学金的目标。

"靡不有初,鲜克有终",人们大多都有一个良好的开端,但难能可贵的是善始善终。虽然那时大二的她还未想好未来究竟要走哪一条路,但对于优秀的执着已经为她解决了许多前路上的选择焦虑。在大三时,陈燊琳意识到了自己的绩点优势,决定保研。"学习的意义是对我学习天赋和能力的一种肯定,更给了我选择的权利,虽然直到大三前我都没有什么保研目标,但高绩点是我的垫脚石,没有它就没有我的这个选择。"

和最好的"战友"保研了同一所大学

"都说黎明前的黑暗是最黝黑的,大三下的九月份是我最焦虑的一段时间。那时候课业繁重,同时还要准备保研、参加比赛、报名夏令营、准备各种材料等,时间非常紧迫。我需要靠考试保持高绩点获得推免资格,还要在心理上做好夏令营可能被拒的准备。"那时的陈燊琳每天马不停蹄地和伙伴在教学楼里一起自习,一起吃饭,偶尔一起聊天,满当当的日子里的快乐充实击碎了她的许多焦虑,并且在最焦虑的日子里无形中宽慰着她。

一起努力的人会成为彼此的解药。陈燊琳回忆道:"记得某个考试前的晚上,当我得知我未入营心仪学校的消息,原本需要背书准备考试的朋友们却都跑来鼓励我,帮我规划、分析成绩。现在想来,保研路途里这些困难都不是我一个人克服的,是所有人给了我力量。"

大四上期的保研结果出来后,陈燊琳和一起努力的"战友"如愿收到了同一所学校同一个学院的录取结果,"当时感到连空气都灵动起来了。"她回忆起当时的心情这样描述道。

这让我想起了村上春树曾经说过的一段话："我想看到渐次泛白黎明时分的天宇,想闻树木的清香,想翻晨报的版面,一起走过无数个四季,别的字句太过轻微或沉重,而'我想和你一起努力'这句话刚刚好。"

张开双臂,迎接未来所有的可能

舒婷在《惠安女子》中写道:"野火在远方,远方在你琥珀色的眸子里。"舒婷用野火点燃了惠安女子的期许与梦想,告诉我们野火虽远,但它存在于眸子里的每一个瞬间。

成功上岸后,陈燚琳深知自己要做的就是尽力把毕业论文做到最好,不留一点遗憾地毕业。"想跟学弟学妹们分享自主学习和绩点很重要,同时要学会搜集信息,打好信息战。尽早地抓住机会去比赛、去尝试。更多的,要让每个瞬间都活得尽兴。"陈燚琳说道。

"每一个取得成就、得到认可、收获好成绩、进入复赛、收到心仪学校通知的时候,老师和同学对我毫不吝啬夸奖的时候,和朋友一起吃饭散步大笑的时候,我都是百分百的开心,我活在这些瞬间里,也是这些瞬间让我满怀希望。"

不必去想身后会不会袭来寒风冷雨,也不必去想未来是平坦或是泥泞,敞开双手迎接未来的无限可能吧,一切已然在预料之中!

陈燚琳说:尽早地抓住机会去比赛、去尝试。更多的,要让每个瞬间都活得尽兴。

母校，我的不二选择

"何教授，我想线上采访您的学生小梁几个问题。"

"好啊，欢迎，但她最近这几天在准备一场线上的纯英文讲座，是给外国学校学生讲的，不急的话，能否国庆期间采访呢?"

——何义团教授，一个时刻关注学生动态，又掩不住自豪的导师。

国庆期间收到小梁的回复，"母校采访稿——为什么选择重庆交通大学"这是小梁发给我的文件名，未打开内容，却已被她浓浓的爱校情感染着。

——梁梦晴，我校 2022 届优秀毕业生，来自塞外江南:新疆伊犁。她于 2015 年考入交通运输学院汽车服务工程专业，随后保研至本校载运工具运用工程专业，现就职于成都航空职业技术学院。

研究生期间,她主持了重庆市研究生科研创新项目1项,作为主要骨干力量先后参与了国家自然科学基金、重庆市技术创新与应用发展专项等多项国家级、省部级纵向研究课题;参加过多次国际学术会议,其中1篇学术会议论文被中国工程热物理燃烧学学术会议作为墙报;在国际高水平杂志发表SCI检索论文3篇,其中SCI一区2篇,二区1篇。

"一个既注重科研能力,又关心学生个人发展的导师。"
——我没有不选择的理由

推免之前,梁梦晴是奋战在图书馆期待上岸的万千考研学子之一,每天起早贪黑努力学习之余,她也在反复斟酌目标院校。有人说,考研不过面临两个问题:择校和择师,作为一个饱受川渝文化感染的外地人,学校一直都不是困扰她的难题。她说:"我陷入的犹豫一直都是选导师,在我看来,研究生不过三年时光,但这也许是我唯一能跟随一位该专业甚至是该行业大佬学习的宝贵机会。何义团老师,就是这样一位老师,虽然本科时他只教过我们一门专业课,但通过一个学期的学习,这门课成为帮助我理解这个专业最大的'功臣'。"

何老师常常在课间给学生讲解他课题组的趣事,分享他所带研究生的日常生活,这些日常中不仅仅有科研、学习,还有许多兴趣爱好。"从老师描绘的场景中我便能想象到他的课题组氛围一定很美好,我想做他的研究生一定很荣幸吧。从那时候起,我就决定要考他的研究生,此后一直没有动摇过。"

2018年9月,经重重考核,小梁得到了推免的机会。她脑海中第一个想法就是问问何老师是否愿意收她为学生。当时小梁的父母和朋友都劝她,这么好的机会,应该去名气更高的学校,甚至有朋友将她的简历发给了一所学校,很快就得到了该校的肯定回复。"在另一个学校,也许名气更高,但我无法确定我是否还能足够幸运遇到一个既注重科研能力，又关心学生个人发展的老师。我依旧坚定了我最初的选择，重庆交通大学，何义团老师。"

"这里有大佬云集的师资团队和高水平的科研教学平台。"
——集体培养，集众家之所长

选择后，更觉庆幸，何老师带领的团队是重庆市研究生导师团队。这是个行业大佬云集的师资团队，有主持多项国家自然基金、获重庆市杰出青年称号、燃烧学领域资深专家廖世勇教授；有主要从事新能源混合动力研究，主持国家自然科学基金、重庆市自然科学基金等纵向课题 10 余项，年轻的袁晨恒教授；有教育部交通运输专业指导委员会委员、重庆市首届学术技术带头人、重庆市汽车工程学会常务理事，主要从事车辆节能与污染控制、道路车辆交通安全、车辆设计等方面研究的邵毅明教授和车辆工程领域的资深专家简晓春教授；有重庆交通大学青年专家委员会专家委员，重庆市安全生产事故研究会会员，主要从事载运工具运用工程领域的理论与应用研究的陈原培副教授；还有巴渝青年学者冯莉副教授，年轻导师吴胜利、罗霜、方勇等。这个团队的特点是，老师们特别注重高水平纵向科研项目的研究，近年来主持省部级以上纵向项目 30 余项，其中国家自然基金 8 项。

何老师说，他们团队带的每一个学生都是集体培养，比如学生的一篇高质量论文是经过团队至少 3 位导师审阅并提出修改意见，还要召开团队研讨会磨出来的。到了毕业论文开题，团队内部要预开题，答辩前要预答辩，中间还有课题进展汇报。最后学生们的大论文，老师们要提前集体把关并提出修改建议。小梁的论文盲审回来，两本都获评优秀等级，最后以 2022 年全校第二名的成绩荣获校级优秀硕士学位论文。

学校较高水平的教学科研平台为研究生培养提供了良好的条件。有 1 个重庆市重点学科——载运工具运用工程（二级学科）；1

个重庆市一流学科——交通运输工程（一级学科）；3个重庆市重点实验室：交通运输工程重点实验室、山地城市交通系统与安全重点实验室、山区复杂道路环境"人-车-路"协同与安全重点实验室；1个重庆市实验教学示范中心——交通运输工程实验教学示范中心。

"从本科到研究生持续培养，提前确定研究方向，掌握相关技能。"
——起步较人早，赢在起跑线

何老师说，梁梦晴是保送生，从本科就开始培养，本科毕业的时候，就已经初步掌握了研究生期间应该掌握的一些专业软件和方法，并早早确定了研究方向。研一刚开始，别人还没有任何方向的时候，她就已经开始写自己的第一篇SCI论文了。研究生期间，要想学术成果多，则必须提前做准备。三年下来，小梁写了3篇SCI论文（两篇一区，一篇二区），这在研究生中是很少见的。

但梁梦晴却说，她的起步早，不只是在科研方面，更在学做人做事上。本科期间她就很有幸遇到了自己的两位人生导师：何义团老师和廖世勇老师，初识何老师是在"发动机原理"的课上。冬天很冷的早上，老师走进教室让同学们自带保温杯多喝热水，顿时暖意袭来，随后枯燥乏味的理论知识，老师也可以用通俗易懂的言语化解，学起来丝毫不费力。何老师总说"先做人后做学问"，常常教导学生不论社会多么纷杂，都要把握做人的底线，保持正直。廖老师总能在她学习中遇到困难的时候为她揭开迷雾。第一次遇到廖老师，是何老师让她向廖老师请教问题，廖老师拿出一张A4纸，三言两语，便解决了她的疑问。"我常常觉得廖老师是一个有趣的人，因为不论在专业领域还是非专业领域，廖老师的看法和理解，让我感觉如获至宝。研究生三年，能获得廖老师的指点，倍感幸运、终生难忘"小梁说道。

另外，研一时小梁就到交通运输学院办公室做学生助管，她说，"这一年是我成长最快的一年。"认识了很多优秀的老师，得到了他们的关心，学到了很多技能，这些都是母校为她提供的学习机会。

"万人操弓，共射一招，招无不中。"

——在学习的路上互相支持鼓励才能勇往直前

"很多人都说，高中耐着性子努力学习，大学就轻松了。但好在毕业前班主任跟我说，大学又是一个新的开始，是你接纳新鲜事物的黄金时期，要保持初心，不要随波逐流。"所以从大一开始，梁梦晴就给自己制定了学习的规划。有人说，不挂科不逃课的大学是不完整的，但她认为能在大学始终保持不挂科不逃课才是高级的自律。

为了保持自律，第一步就是走出寝室，每当想学习的时候她都会去图书馆，找一个安静的角落，默默汲取书本中的养分；但一个人学习，往往会陷入问题的迷宫，很容易找不到正确的方向。这个时候就需要找到志同道合的伙伴。给她印象最深的一次经历，是物理老师课后提出了一个探究问题，她多次尝试依旧找不到解决的方法，只好求助班上的物理高手，在和同学探讨问题的过程中，发现从这个小问题可以引发许多物理创新想法，为了将这些想法付诸实践，他们几个人成立了物理小组，每个周末都会一起学习讨论，将每一个想法都在黑板上和草稿纸上演练，遇到难处时也会寻求老师答疑解惑，在老师的指导下，他们收获了物理创新竞赛一等奖。小梁说，"小组学习的过程不仅锻炼了我们解决物理问题的能力，其他许多科目的难题好像都变得迎刃而解。后来的许多学习和研究，都让我认识到了团队的重要性，在学习的路上互相支持鼓励才能勇往直前。"

梁梦晴说：一定要注重培养自己的科研习惯，带着问题寻找答案，通过不断学习和积累，形成缜密的科研思维。科研没有思想，就如天使没有翅膀，做科研最重要的就是要养成良好的思维习惯。

终身学习是一种人生态度

王羿,我校土木工程学院茅以升桥梁工程 1901 班本科生,中共预备党员。在校期间平均绩点为 4.42,专业排名第 1,曾获国家奖学金 2 次,重庆市"三好学生"2 次,校"三好学生"2 次,校"学习标兵"2 次。在学科竞赛上,获得国家级奖励 2 项(周培源力学竞赛三等奖、国际工程力学竞赛一等奖)、省部级奖励 3 项(重庆市力学竞赛一等奖、数学建模重庆赛区一等奖、数学竞赛重庆赛区一等奖)、校级奖项 6 项,共计 11 项。参研国家级大创项目 1 项。

"树立理想,不断砥砺前行"

在初入大学校园时,王羿和其他同学一样,处于懵懂的阶段。但是他一直有自己的目标,那就是考取研究生。正因如此,虽然王羿对大学生活还不是很适应,但他在学习上没有一丝懈怠。"目标不是靠想就能完成的,我的大学四年一定要刻苦认真地学习,学习始终是我计划中的第一位。"王羿说道。为了打好扎实的数理基础,他尤其重视对数学、力学等专业课程的学习,完成书上所有课后习题仅是他的一个小目标,考研时,数学取得好成绩才是他勇敢攀爬的高峰。为此,他额外买了试卷资料进行巩固练习,一步一个脚印,踏踏实实地走。

优异的学业成绩是王羿三年的努力成果,当被问到有没有一些好的学习方法时,王羿表示:"其实没有什么特别的方法,学习是没有捷径可走的。只不过要学会思考和提前规划。"大部分同学在学习中难免会做一些无用功,导致即使花费了时间却没有取得相应的成效,最终潦草收尾。在王羿看来,保持学习的效率是很重要的,"在自己的节奏中高效完成学习任务,学习时间就认认真真地去学,放松休息的时候就好好释放压力,这种纯粹的模式有助于我提高学习效率。"

"规律生活，方得自由人生"

　　说起自己的大学生活，王羿总结道："总体来说，我的大学生活非常自律，不会终日沉迷于手机、游戏，亦不会通宵达旦地学习，我会有意识地寻找一种平衡。"王羿总是在早晨7点左右开始崭新的一天，每天第一节课开始之前，他都会督促自己完成一套英语听力练习，并进行修改。课堂上，坐在第一排是他的习惯，在认真听讲的同时积极回答老师的提问；下课后，他则会主动复习当天所学知识，整理相应的笔记，并认真完成老师布置的作业。日复一日，未曾停歇。

除了在学习方面刻苦努力,王羿还很注重综合素质的提升。大一时,他利用课余时间参加了校广播台和其他一些社团活动,不仅锻炼了自己的工作能力,还学习了很多软件和技术,为后来的竞赛科研奠定了基础。回忆起这段时光,王羿非常感慨:"除了能力的提升,我还认识了很多朋友,大家一同拥有了一些非常美好的回忆,使我的课余生活更加精彩。"

"不骄不躁,寻找内心平静"

对于王羿来说,他也曾遇到过瓶颈。刚进入大三的时候,王羿遇到了前所未有的迷茫。各类专业课的内容不再能轻易理解内容,进而无法轻松完成作业。同时,外文文献和一些专业软件也给王羿带来了不小的烦恼,"感觉自己的能力突然下降了,甚至对学习有了懈怠之意。"和老师的一次次交流后,王羿明白了学习并非一帆风顺,它更多的是一个渐进的过程。因此,学习的效果不会马上反映在成绩上,急于求成是不可取的,但是日积月累之后总会有所精进。"在不知道怎么推进的时候,去外面走走也挺好,青山绿水会帮助我重拾内心的平静。"

坚定的目标、正确的学习观以及良好的心态是王羿获得今日成绩的重要原因,比起荣誉,他更在意自身能力的提高。他相信,只要坚持不懈,掌声终会响起。古人言,行百里者,半于九十。这对于我们的人生来说也同样适用,坚持不是取得成功的唯一要素,但只要能够持之以恒地去做一件事,就很可能取得成功。

王羿说:其实没有什么特别的方法,学习是没有捷径可走的。只不过要学会思考和提前规划。

以"不忮不求，何用不臧"的心态走好科研之路

在校期间平均学分绩点为 4.19，专业排名第一，连续两年获得明德奖学金，曾获重庆市"三好学生""中国大学生自立自强之星"等荣誉——这就是于玲，航运与船舶工程学院轮机工程专业 1803 班本科生，共青团员，入党积极分子。学科竞赛中，于玲先后获得国家级奖励 12 项、省部级奖励 18 项、校级奖励 23 项，共计 53 项奖励。主研大创项目国家级 1 项、市级 1 项、校级 1 项，发表学术论文 2 篇、申请专利 3 项。目前，已推免至清华大学攻读硕士学位。

心无所恃，勇往直前

大学四年，于玲同学始终保持良好的学习习惯和严谨的学习态度，认真对待每一门课程和每一项作业，做到了自律和坚持。

步入大学校园，自由宽松的学习氛围给予了同学们无数次自我思索的机会。大一时，她便将成为一名优秀的海洋工程师作为自己终身奋斗的目标。为实现这一目标，于玲对自己严格要求，时刻提醒自己要夯实专业基础；另一方面，她积极投身实践训练，以求用实践检验真理。"学而时习之，不亦说乎"指学到一定的知识和道理，能够

将这些知识在实践和练习中得以运用时，这是一件非常快乐的事情。大二起，她便积极参与各种竞赛项目。在不断自我探索、自我突破、自我提高的过程中，她获得校级及以上奖励和荣誉 50 余项，最终以专业第一的成绩成功推免至清华大学攻读硕士研究生。

坚定自我，永不言败

奋斗的道路不会一帆风顺，往往荆棘丛生、充满坎坷。我们越是希望试探自己的潜力上限，就越容易碰壁。大二时，于玲便作为项目负责人筹备全国海洋航行器设计与制作大赛的参赛作品，从未有过参赛经验的她称之为黑夜中的旅途——没有方向、没有参照。当她试图将作品放在校级比赛的专家评委前争取得到一些反馈时，往往初赛时作品就被淘汰。一次次的打击并没有使她放弃，反而投入更多的精力在项目上，且虚心向老师、同学请教。最后，此项目获得了第十七届"挑战杯"竞赛（重庆市）特等奖、第十四届全国大学生节能减排社会实践与科技竞赛三等奖、第十届全国海洋航行器设计与制作大赛二等奖等多项奖励。

"万石谷，粒粒累积；千丈布，根根织成。"大厦终不是一日落成，而在于一砖一瓦的漫长积累。我们会经历各种意料之外的困境，"坚定自我、永不言败"是我们当代青年应该保持的人生态度。

立足当下，脚踏实地

阿尔贝·加缪曾说："对未来真正的慷慨，是把一切献给现在。"推免结束后，于玲同学并没有因为学业压力的锐减而松懈，她积极与导师交流，提前熟悉和学习研究方向相关内容，尽力弥补跨专业推免带来的基础知识的缺失。她没有时间去责备自己的失利，也没有时间去幻想未来的风生水起——她的时间，都用来努力活在当下。

于玲说：梦想需要自己去寻找，去追求。在这条筑梦路上，唯有脚踏实地，唯有一往无前。

最美的风景在路上

王怡,数统学院数学与应用数学专业 2019 级学生,曾获"我与新中国成立七十周年"演讲比赛三等奖,"高教社"杯全国大学生数学建模竞赛本科组二等奖,全国大学生数学竞赛数学组二等奖,美国大学数学建模竞赛 H 奖,"高教社"杯全国大学生数学建模竞赛三等奖,全国大学生市场调研大赛一等奖,荣获 2021 年"优秀共青团干部""暑假三下乡社会实践先进个人""科技创新先进个人"等荣誉称号。

挥鞭万里去,安得念春闺

王怡离开河南来到重庆,这不仅仅是地理环境的改变,更是心路历程上的转变。从中学的出类拔萃,到大学的人才济济,王怡并没有迷失在人海之中。"迈出第一步就代表你已经成功一半了。"面对众多优秀的同伴，王怡不再等着老师去发现自己，而是主动展现自己，她主动去找老师交流，从一开始的拘束到后面的侃侃而谈，对她来说，"这就是迈出了舒适区。"

寻找到灵魂契合的团体，就像迷失方向的飞机回归了航线。"跳出禁锢自己的舒适圈，去享受多姿多彩的大学生活。"王怡在大学参加了很多社团，冥冥之中唯独足球将她深深吸引。从一开始的避而远之，到尝试去接触，再到"交大杯"足球比赛四连冠，她说"这就像是化学反应，从低势能到高势能，是一个改变自己的过程。"她更是在迈出舒适圈到寻得突破的过程中找到自我。

人海一握手，衣袖四年香

人在追逐理想时，不是非要遇到了志同道合的人才能上路，往往是上路了，才能与志同道合的人相遇。王怡从高考完之后就处于一种完全放松的状态，直到遇见了王婉怡，她最好的朋友之一。"她身上有一种很强的约束感和规划感，这是我没有的。"这让王怡受到了很大的触动，反复思考自己每天的玩耍娱乐是否真的有意义。后来，她开始跟着王婉仪一起进图书馆学习，一起规划自己的大学生活，一起参加比赛。

"我很享受跟她在一起的时光，仿佛自己努力的道路上虽然有迷雾重重，但是却总有一抹光指引着我前进。"回首大学四年，王怡在这茫茫人海之中与无数人擦肩而过，但最后相识、相交、相惜的人却屈指可数，她深知王婉怡不仅仅是她筑梦路上的启蒙老师，更是同舟共济的伙伴。

精感石没羽，岂云惮险艰

只有经历了风雨，羽翼才能变得丰满。在国赛发布题目的下午，队长因家中有事不得不离开，而王怡和另外一名组员却又分别身在两个校区,这无疑是雪上加霜。但是她并没有放弃,她只身一人到南岸校区与另外一名队友进行讨论、编程、撰写论文。即使是图书馆里信号不好、视频电话卡顿导致各种问题,她还是说:"再坚持坚持。"一次一次地面对崩溃,又一次一次地平复心态,在和另外一名组员的共同努力之下,她们组还提前上交了论文,最后也顺利地获得了该赛事的国家二等奖。王怡回忆到这段经历时却笑着说:"我认为自己在这次经历之后,不管是什么情况下,心态都会很稳定。"

美丽的风景总在路上,王怡享受到了大学生活的乐趣和青春的多姿多彩;美丽的瞬间总在画上,王怡在自己人生的画卷上画下了美丽的大学图卷;所谓的美丽总是在记忆里,王怡希望自己在回想起大学光阴时依然会嫣然而笑。

王怡说:在苦难面前再坚持坚持,经历过风雨后,不管什么情况,心态都会很稳定。

试炼的终点是花开万里

　　陈天一,经济与管理学院工程造价专业 2019 级优秀毕业生,校一等奖学金、中交二航局优秀学生奖学金获得者,他坚韧不拔,锐意进取,在校期间积极参加各类学科竞赛,获得国家级奖项一项、省部级一等奖一项,第七届中国国际互联网+大学生创新创业大赛校赛二等奖以及校级"三好学生"等荣誉称号,发表 EI 论文一篇,并在班里担任班长,荣获校级"优秀共青团干部"校级"优秀学生干部"等称号。

关关难过关关过

　　未知总是悄然而来。这个"未知"可能是在图书馆自习时需要紧急制作的一个表格,也可能是期末考试周里突然接到的学生会任务。面对未知,陈天一总是如一汪平静而深远的湖水,湖面上偶有吹起的风或落下的叶,湖水泛起小小涟漪,可他却从未停下前进的脚步,坚信细水长流，终有一日会逆流而上，达到理想的彼岸。

在被问到是什么时候坚定了考研决心时，陈天一回忆："是得知与保研名额擦肩而过的瞬间，也是大三暑假决定留校学习的瞬间，如今回望备考这一年，发现考研并没有想象中的那么难，但也绝对谈不上容易，一路走来，收获的不仅仅是一纸通知书，更是自我的成长与试炼。"

复习期间，陈天一独自在走廊的角落里搭建起自己学习的小天地，当他熬过那一个个昏黄而清冷的夜晚，稚气的少年早已悄然成长，始终相信"关关难过关关过"，在迎来黎明之前，也只觉长路漫漫亦灿灿。

勇敢的人先享受世界

陈天一为自己设定了一个目标：要做每天最早到教室、坐最前排的人。他用一个个这样看似轻易的方式不断激励自己，更好地适应老师上课的节奏，更加高效地完成课堂学习。他认为勇敢的人先享受这个世界，人总要尝试着推自己一把，不断前进。为了在全国大学生数学建模大赛上取得成绩，陈天一选择在暑假参加赛事培训，他用一次次项目模拟替代休闲娱乐。时间跨越了大二、大三，他很庆幸在比赛过程中认识了很多志同道合的伙伴，一起参加比赛，为共同的目标而努力。

在团队合作过程中，沟通、交流是最重要的。要找到每个人最擅长的地方，发挥出整体的最大优势。陈天一回忆道："比赛取得成绩，离不开团队里每个人的用心耕耘，与朋友并肩作战，与有荣焉。"

用自律搭建起自信与平和

陈天一是经管学院足球队的一员，并且在课余时间积极参加各类运动。从交大杯足球赛、半跑马拉松比赛到各种球类比赛，他总是一腔热情奔赴其中。"比起终日追剧、打游戏，学习和运动才是我生活的主旋律。坚持运动强健体魄,早睡早起健康作息,才能保证学习时精力充沛、头脑清醒。"在爱好和学习两种选择摆在他面前时,他毅然决然地选择把学习放在首位,再谈兴趣爱好。正如老话所说:"自我控制,是强者的本能。"每个人心中都会搭建一个理想的自我,而自律就是那把打开关键的钥匙。

"不那么好走的,才是上坡路。"当遇到很多阻力时,不要害怕,证明你在攀越山峰。不挑战自己,怎么能看见下一处更好的风景呢?"人要逼自己一把,走出舒适圈,因为试炼的终点会是花开万里。"陈天一最后说道。

陈天一说:人要逼自己一把,走出舒适圈,因为试炼的终点会是花开万里。

学无止境，眼界决定高度

　　邓欣昀，经济与管理学院会计学 CIMA 专业 2018 级学生。在校期间平均学分绩点 4.25，综合素质测评名列专业第一。担任班级学习委员、明德学社宣传部副部长，被评为"社团优秀学生干部"。曾获得校优秀学生一等奖学金、校"三好学生"、双福校区学习标兵等多个奖励和荣誉。在学科竞赛中获得过 2 项省部级奖励和 1 项校级奖励。

　　成长之路，蜿蜒曲折，不忘初心，方得始终。度过了两年充实的大学生活，从懵懂新生到 2019 年"明德奖学金"获得者，邓欣昀在自己的大学生涯中又向前迈出了坚实的一步。

机会与行动，是双向选择

　　"当你纠结要不要放手一搏，当你纠结该不该采取行动，往往就与机会错过。"邓欣昀选择了尝试，选择了抓住机会，机会也造就了更优秀的她。全国大学生英语竞赛 C 类二等奖、全国大学生数学竞赛非数学类三等奖、第十二届娃哈哈全国大学生策划实践大赛校赛二等奖……能取得这些竞赛成果,离不开邓欣昀的敢于行动和善于抓住机会。

她积极参加各类比赛,把每一次经历都当成磨炼自己的机会。在刚步入大学的日子里,邓欣昀也曾迷茫犹豫,也曾与机会擦肩而过。而在日渐成长的两年中,她变得更加坚定果断,面对自己想做的事情,哪怕不太擅长,她也会大胆去尝试。"现在我觉得很多事情在做之前没必要担忧太多,去做了才知道究竟会怎么样,不管好坏还是成败,这些过程本身已经对自己产生了影响,都是宝贵的经历。"

纸上得来终觉浅

保持优异的成绩必然离不开大量时间的学习以及良好的学习方法。用思维导图巩固知识、复盘总结凝炼方法、以专注态度贯彻始终,哪一个环节邓欣昀都没落下。问到邓欣昀心中最重要的学习秘籍时,她说:"学习对我而言是一项长期投资,没有一劳永逸,只有坚持不懈地努力。"不过更重要的是邓欣昀知道如何努力,她并不只停留在书本知识上。"课本和老师带给我们的,只能浅浅地停留在耳际与脑海,我们只有善于运用,成为知识的主人,才能更好地从中获益。"她一直觉得实践才是最好的老师,"因为专业和经济有关,所以我更加重视参加一些商业类比赛,设身处地地模拟自己是企业人员,运用专业知识为企业解决实际问题。这样我能提前了解未来职业中可能需要的一些能力,自己才好有针对性地去培养。"

一路艰辛,一路绽放

课余时间,邓欣昀选择用书籍陪伴自己。在为数不多的属于自己的时间里,看书占据了大部分时间。"我们所涉猎的知识,不过是汪洋大海上的冰山一角;我们看世界,不过是透过象牙塔里小小的窗户。"邓欣昀说,"我知道我还差很多,只有跳出舒适圈,在不断自我突破和挑战的过程中清晰地认识自己,摸索出自己想走的路并奋不顾身去追求,这样才能孵化下一个更好的自己。"

邓欣昀说:不断学习,充实自己,眼界决定高度。若只是一味沉浸在自己的小圈子里止步不前,就不会知道自己的潜力有多大,外面的天空有多广。

我可做灯塔，亦能照前方

　　叶哲帆，交通运输学院交通工程专业 2019 级本科生。在校期间累计获得国家级、省部级、校级奖励 40 余项，多次获得志愿者"先进个人"称号，累计志愿服务时长 500 余小时。他获得重庆市最美科技志愿者、重庆市精神文明先进个人、成渝地区双城青才校园先锋、重庆市优秀班集体新国线奖学金、万集科技奖学金、精神文明先进个人、科技创新先进个人、校优秀学生奖学金、科技创新先进个人、校优秀学生干部、第十七届交通运输科技大赛二等奖等多项奖项和荣誉。

照亮他人，成就自我

作为一名优秀毕业生，被问起大学四年中最引以为傲的内容时，叶哲帆回答道："学生工作和志愿服务是贯穿我整个大学历程、对我意义非凡的事情。"

叶哲帆从大一开始便投身到志愿服务中。对于志愿服务工作，他始终保持着独有的热情。"我的初衷只是想为社会做一些力所能及的事情，但在这过程中，我发现志愿服务也有它独特的意义。"在做志愿服务的过程中，叶哲帆接触到了不同阶段、不同角色的人，"这让我对社会的了解更加深刻。"在长期的志愿服务活动中，叶哲帆对社会的整体认知都完整了许多，对于今后的发展颇有帮助。

叶哲帆志愿服务的地点主要在重庆市科技馆。每一次在去做志愿服务的路上，他总是被沿途的风景所吸引，从不觉得路途遥远，这件事情一做就坚持了四年，他心中对于志愿服务的定义也发生了巨大的改变。

当问起在志愿服务中最令他触动的瞬间时，他十分珍惜地从挎包里拿出了一本"重庆市最美科技志愿者"的荣誉证书。当他收到这个荣誉证书时，叶哲帆震惊极了，"我没想过可以获得这份荣誉，这着实让我激动万分。"他深知这本沉甸甸的证书不仅是对他志愿服务的肯定，更是激励他继续保持热情前进的动力。

唯愿目睹，大爱人间

大二时期，叶哲帆遇到了"人生转折点"。他在一众强大的竞争者中被选为校学生会主席团成员，他对此感慨颇多。"在学生会工作中，我结识了众多优秀的伙伴和前辈，这对于我后面的成长来说是必不可少的机遇。"在完成学生工作的同时，叶哲帆的个人能力也得到了巨大的提升，他将自己奉献给了他的职位。

毕业前,他也尽心尽力地帮助学弟学妹们做一些力所能及的事情。"我想着利用我现有的经验多帮帮他们,趁现在还有机会。"在面对自己是否会因为太过关心他人而感到疲惫的提问时,他也只是表示"身体上可能会劳累,但心里却会因为帮助他人而感到实打实的快乐。"

撑一把伞,庇一方人

"我希望大家能有自己的价值判断标准。"在这个发展速度极快的社会,叶哲帆不希望被时代的洪流淹没,而是希望自己紧跟时代,有辩证的价值观念。

对于后辈以及他自己来说,前方也许并没有那样明了,但在这过程中,积极去挖掘探索自我,做出自己的选择并坚持自我,对于每个人来说都是一件意义非凡的事情。最后,叶哲帆希望将喜爱的语句分享给学弟学妹:"初心依然,脚步铿锵,追梦不止,向光而行。"

叶哲帆说:初心依然,脚步铿锵,追梦不止,向光而行。

芝兰之室，芬芳自来

成功推优、立项学校 2020 年春季创业基金、在校运动会百米大赛上夺冠……这些不同的荣誉都来自学校慧园 B 栋 431 室，一个由人文学院旅游管理专业学子于钧、罗杰、廖林森、聂睿、刘悦彤、努尔艾合买提·阿不都拉六人组成的特色宿舍，现已成功获选 2020 学年重庆市高校文明寝室。

"每次来到431宿舍,总能看到整洁干净的环境与埋头学习的学生们。"宿管高建容表示,431宿舍的成员自律性强,热爱学习,每位成员还都有属于自己的"绝活"。室长于钧以身作则,带领431寝室获得了两次四星文明寝室;罗杰、聂睿品学兼优,已成为入党积极分子;刘悦彤和廖林森一个热衷于创新创业,一个善于调节寝室关系,共同维护寝室文明氛围;努尔艾合买提擅长体育,是校足球队的主力成员。

在宿舍生活里相互学习与帮助

热爱文学的聂睿曾在莱根文学社任副社长,对他而言,生活中处处富有诗意。"我觉得文学和读书是有一些区别的。读书往往带有一些功利性,有自己的独特目的,而文学带给人的则更多是内在的感受,是自我观念的塑造和提升。"聂睿认为,文学让自己更有人文情怀,更让他学会了分享和聆听。"我可以在宿舍里分享我的愉快和忧愁,也会聆听舍友的许多事情,就像在'家'一样。"

而在罗杰看来,寝室不仅是分享心事的地方,同样也是一个"三人行,必有我师焉"的场所。曾在院学生会宣传部工作两年的他,业务能力上已经有了实在的扩展和提升,此次春季创业基金能够最终立项就是证明。"我们抱着想要取得成绩的决心与上进心,团结一致,最终获得了成功。这要归功于在宿舍里的生活让我明白了团结的重要性。"罗杰同样表示,成为入党积极分子既是为了自己能够为党尽一份力,同时也是希望能在组织中塑造和提升自我。"党在我心里始终是崇高的,我去申请入党是想心中的那份敬畏之心能够被体现。"

为了荣誉,一起努力做到了最好

对在11月16日重庆市大学生(甲丙组)校园足球联赛中获得赛区第三名成绩的努尔艾合买提来说,足球就是他最大的爱好。努尔艾合买提坦言,自己在足球上的努力,离不开自己对它的热爱。为了能踢出好成绩,努尔艾合买提曾经努力攒钱买了一双适合自己的钉鞋。"每当校队出去打比赛的时候,我们不分替补还是主力,都会齐心协力,为了拿下每一场而努力。"努尔艾合买提讲述道,为了荣誉,大家都会一起努力做到最好,他们获得市文明寝室奖同样也是431寝室团结一心的最好体现。

与热爱体育的努尔艾合买提不同,刘悦彤则对大学生创新创业情有独钟。"在创行协会工作的两年经历让我受益匪浅。"谈到自己的大学生活,刘悦彤打开了话匣。"跟队友们在比赛前备赛的时候,大家为了一个目标共同努力的模样,就是团队精神的本质。"对刘悦彤而言,自己与室友间有跟团队成员一样的默契,同时也有不亚于家人的深情厚谊。"记得从双福校区离开的时候,我的行李很多,一个人完全拿不过来,多亏了室友们帮我一袋袋地送到行李放置处,这样的友情让我十分感动。"

这是我们一点一滴积累而来的证明

今年上半年,在廖林森学习概率论时,复杂的理科知识让他这个文科生学起来分外吃力。"疫情期间上网课,我在不少地方都没有听懂,这让我对(概率论)的学习感到很吃力。"廖林森表示,多亏他的室友们耐心主动地帮他讲解知识点,同时不停鼓励给他信心,才让他最终跟上了学习大队。谈到寝室里发生的印象深刻的事情,廖林森讲述道,有一次自己胃病犯了,翻来覆去睡不着,室友们从睡梦中醒来问他的情况,还去药店帮忙买了药。"一个人在外面有这么一群可爱的人照顾,我心里觉得非常温暖和感动。"

"我真的很喜欢大家在一起时的氛围,聊天时无伤大雅的玩笑,图书馆里的无声静谧,寝室夜谈时'不足为外人道也'的默契一笑,都是属于我们的珍贵回忆。"身为室长的于钧,对寝室的感情更加深厚。在于钧看来,每个人在大学生活中的积累,从中所获得的各种各样的点滴，都是自己独一无二的经历，正因如此，自己与室友们才能不断进步、不断成长。"成为文明寝室并没有什么秘诀，不过是刚好出现这个活动，而我们又刚好可以拿出一点一滴积累而来的证明罢了。"

慧园 B 栋说：用青春年华书写人生中最美的华章。

茅以升铜像「南岸校区」

铜像矗立于南岸校区求实广场上。整个铜像以青铜铸成，高240厘米，底部的花岗石基座篆写着茅以升先生的显赫生平。铜像于二〇〇六年由校友捐赠。在纪念茅以升先生的同时，也激励着交大人实干奉献，开拓进取。

彩韵交大

敢于不断抛出自己，才能认识自己，成就自己

　　陈明珠，重庆交通大学建筑与城市规划学院 2018 级地理信息科学专业学生，成绩优异，在校期间平均绩点 4.27，学习成绩和综合素质排名均为专业第一。在校期间获得国家奖学金、国家励志奖学金，连续两年被评为校三好学生、科技创新先进个人、优秀共青团员，大一学年高分通过 CET4、CET6，取得全国计算机二级证书；脚踏实地，追求学术理想，参与学科竞赛，获得国家级奖项 1 项、省部级 2 项、校级 3 项，发表论文 1 篇，参与中科院大学生创新实践训练计划、市级创新创业训练项目 1 项；勤恳热忱，推己及人，担任班级学习委员积极负责；文体兼修、躬身实践，积极参加校园文体活动、志愿服务活动，加入学生自我管理委员会并担任一年干部，主持 2019 年优秀学生事迹宣讲会，协助开展校园 plogging、"12.4 宪法日"等实践活动。

　　早上七点到晚上九点，

　　她在泱泱人群里穿梭，

　　她在交大图书馆里求索。

她在仰望天空时感悟人生的乐趣，

她在奋笔疾书时享受能力的进步。

大学之旅，她找寻着自我，

学习、音乐、书籍、运动、美食。

她喜欢林语堂那句话，"我要有能做我自己的自由和敢做我自己的胆量！"

行至朝雾里，归在暮云间。

她即将开始充实属于她的下一个未来。

学无止境，明德行远。

如何保持学习热情？立身以立学为先，立学以读书为本。读书求知是大学基调，热情与动力来源于生活美好与未来向往。大一那会儿折腾起拉格朗日、泰勒公式，捣鼓着 GIS 出图时，探索未知与奇妙世界的学习体验感，在多次受挫之后抵达成功的成就感，促使我拨开云雾，忠于求知。生活偶尔的慢节奏，是保持我热情与渴望的方式之一。再忙也要抽空停下脚步，走出校园，呼吸高山流水的自然、质朴之味，定格车水马龙的城市霓虹，让自己忙而有致，乐此不疲。

如何在大学里成为自己？我对一切有趣又充满未知的事物好奇，我尝试各种不同的风格，在有青春资本的大学时光里撞一撞南墙，再与那个热爱生活的自己不期而遇。参加学科竞赛、报考水平考试是我认识自己能力的一种途径，备战 45 天的数模大赛，战斗 96 小时的美国赛，表达能力与交流能力、思维能力的提高，让我发现自己的潜力与个人优势。走向社会、服务社会是我感受生活的一种方式，我偏爱那一个个温暖的笑容，我尽我所能地发光发热，从老人慈祥的脸上、小孩子的童真笑容里，我捕获了岁月静好、抓住了时光温柔。林语堂曾言："我要有能做我自己的自由和敢做我自己的胆量。"

陈明珠说：敢于不断抛出自己，才能认识自己、成就自己。趁青春，勇敢绽放。

何婉莹：我的人生，零浪费

　　何婉莹，我校经济与管理学院工程造价专业 1901 班本科生。在校期间平均绩点 4.30，专业排名第 1，曾获得明德奖学金、国家奖学金、一等优秀学生奖学金，并多次获得学习标兵、三好学生、科技创新先进个人、共青团员等荣誉称号。在学科竞赛上，获得省部级奖励 2 项、校级奖项 15 项，共计 17 项，参研校级大创项目 1 项，发表学术论文 1 篇。

人生，就是在迷茫中努力前进

　　和所有刚步入大学生活的学生一样，大一的何婉莹也处在一个懵懂、探索的阶段。相比高中紧张有序的备考生活，慢节奏的大学学习生活让她感觉迷茫和不知所措,刚开始她和大多数同学一样穿梭在课堂、食堂、回宿舍的人群中,看似平淡的生活,却有着她自己独特的目标——成为更优秀的人。

"我最爱的地方就是图书馆,安静优雅的环境让迷茫和烦躁逐渐淡去,整个人都沉浸在学习知识的氛围中。"虽然当时的何婉莹对已经开始的大学生活也没有清晰的规划,但与他人不同,她就算迷茫时也从未让自己停滞不前。"我那时就想着,虽然不知道具体要做什么,应该做什么,但至少多读点书总是没错的。"

人生,就是不浪费一个又一个 0.01 秒

耐得住寂寞,才能守得住繁华。一直在图书馆努力的何婉莹大一学年平均绩点达 4.21,并获得了国家奖学金。这些不断获取的荣誉给她带来了巨大鼓舞,让她知道以往前进的每一步都是有价值的。对于优秀,何婉莹有自己不同于他人的理解:"我认为衡量优秀没有标准,而优秀的人总是充满活力,能给身边的人带来积极的力量,用他的优秀来吸引你想成为他的朋友,在各个方面想要向他学习。"而她想成为这样的人。大二的何婉莹在繁忙的学习之余决定开拓自己的新领域,在学校的咖啡店做兼职,认识了许多优秀的学姐、学长,并掌握了做咖啡、拉花和烤面包等有趣的新技能。在成为更优秀的自己的道路上,何婉莹没有浪费 0.01 秒,用忙碌填满自己的大学时光,用优秀装点自己的青春岁月。

人生,就是不浪费自己本就拥有的实力

"当你对自己充满未知时,那就勇敢去做,不要浪费自己本就拥有的实力。"这是何婉莹对自己的勉诫,也是她制胜的"法宝"。大三来到南岸校区后,她有了明确的保研梦想,为此她不断努力参加学科竞赛,克服自己的专业短板,挑战自我。

　　"尽管在比赛中有失败、有不甘、有落寞,但我也收获了前进道路上的志同道合的伙伴,得到了专业老师的认可,从无到有完成几个属于自己的作品。"在这个过程中,何婉莹第一次发现自己的实力,她不再像大一时那样妄自菲薄,一味地自我怀疑,而是找寻自己的热爱和目标。"接触没接触过的,尝试想尝试的,做一个愿意实践的人,不浪费自己本就拥有的实力,这也是我想跟大家说的。"谈及获得明德奖学金时,何婉莹表示自己很荣幸能获得此项荣誉,这是对她三年努力学习的肯定,也是对她实力的认可,是她人生中一次非常难忘的经历。

　　迷茫是人生之常态,但在何婉莹的眼中,若能"以清净心看世界,以欢喜心过生活,以平常心生情味,以柔软心除挂碍",方能不虚度光阴、不浪费人生,才能在坚持过后得到不一样的收获。

　　何婉莹说：我认为衡量优秀没有标准,而优秀的人总是充满活力,能给身边的人带来积极的力量,用他的优秀来吸引你想成为他的朋友,在各个方面想要向他学习。

春生秋藏，傲然绽放

　　宿舍全员平均绩点 3.89，成绩名列专业排名前 10%，全体通过大学英语四级考试，并有三人取得计算机二级等级证书，成员获得个人表彰十余次，斩获比赛奖项近十项。除此之外，她们更是以三个预备党员、一个入党积极分子的身份申报了党员示范型特色寝室。她们，就是来自 2017 级经济与管理学院物流管理专业、生活在菁园 9 栋540 宿舍的魏歆婷、王星蕊、鄢明欣和雍华蜓。

不仅组织上入党，更要思想上入党

　　"入党，既要组织上入党，更要思想上入党。组织上入党一生一次，思想上入党一生一世。这就跟学习一样，是一个需要不断学习进步的过程，也有利于自己思想道德修养的不断完善。"鄢明欣这样说道。

　　魏歆婷认真践行全心全意为人民服务的宗旨，在疫情期间，魏歆婷积极响应社区"党员志愿者积极参加抗疫活动"的号召，在家人的大力支持下，毅然投身疫情防控志愿服务工作，为疫情防控献上了自己的一份力量。魏歆婷说,她参加志愿活动最大的动力,就来源于那些主动申请到湖北参加防疫的医护人员。"他们的优秀品质和奉献精神非常打动我。"而对于参与活动的体会,她是这样说的——前所未有的疫情面前,作为一名新时代大学生,作为一名学生党员,我应该挺身而出,义不容辞。

考研路漫漫,制订适合自己的计划

魏歆婷和鄢明欣都觉得本科期间的知识相对宽泛、浅显,希望能在研究生期间对专业知识有更深层次的理解和把握。而鄢明欣同学还有更多的考虑。"跨专业考研对我来说比较困难,而且我缺乏跨专业的基础知识,在往后的研究学习中也很难跟上导师的节奏。除此之外,我不想离家太远,而且本校的师资和实力在西南地区的物流方面也算是比较强的。所以我选择了本校本专业作为我的考研目标。"

"再过一个月,你就可以吃火锅,还可以好好睡觉了!""坚持下去,你就是最棒的!"在谈到想对考研的自己说什么时,她们都选择了用积极的话语鼓励自己坚持下去。魏歆婷更是提到了准备考研过程中常出现分心、焦虑的问题。她认为考研过程中有人会心态崩溃,但是这不能作为自己偷懒、放松的借口。"一定要制订适合自己的学习计划,效率提上去了,问题自然就减少了。"

从心理上对学习抱有一种端正的态度

在学习方面,雍华蜓分享了自己的经验。一是学习态度要端正,这是探索学习方法的重要前提;二是要学会吸收、理解、总结、改造。三是上课认真听,下课多回顾,最好给专业课准备笔记本,方便期末复习。

在生活方面,雍华蜓也提出了建议。"第一点就是学习的时候远离寝室,尽量找一个不那么舒适的环境去学习。""另外一点就是建立起对学习的仪式感,创造一个比较正式的环境,让自己从心理上对学习抱有一种端正的态度。"而最重要的一点,就是远离手机。王星蕊在谈到学习生活的态度方法时,也强调了这一点。"早睡早起不熬夜,今日事今日毕,学习的时候把手机放到一边。"同时,她还建议大家积极参加社团活动,拓宽自己的圈子,丰富大学生活。

寝室相处,沟通很重要

在谈论寝室相处和谐的原因时,王星蕊把沟通放在了第一位。"合作任务要相互讨论,每个人都要参与。""不同的人住在一起,生活习惯难免有所不同,对其他人不满意的地方及时提出来,大家好好沟通,不要冷暴力。"而对于宿舍环境的卫生整洁,她们也一再强调分工和执行的重要性。"卫生方面的话,只要分工明确,执行有效,就不会有太大问题。""卫生清洁轮流做,床单被套按时换洗。""我们宿舍安排了值日表,每天都有人负责宿舍卫生,严格执行从而避免因分工不明确产生的矛盾。"

"过去三年,我们寝室一起学习、一起成长、共享荣誉,我们的生活有平淡有欢笑,现在有时回忆起刚进校园时的乐趣,我们一起开怀大笑,我觉得这就是我们纯真的友谊。感谢过去三个春夏秋冬一路有你们。"魏歆婷讲述道,在过去的大学三年,她们有付出,有收获,尽管难免遗憾,但自己认真对待生活和课业的态度也可以支撑起对未来的展望。

菁园9栋540宿舍说:刻苦认真是种子,知识荣誉是果实,面向未知尽力冲刺,这,就是盛开的力量。

我从未长大，但我从未停止生长

　　黄洋，人文学院 2018 级旅游管理专业在读本科生，中共预备党员。她以"且学，且思，且辨"的态度严格要求自我，在校期间平均学分绩点和综合素质测评均位列专业第一，2018—2020 两学年平均学分绩点 4.17，修读课程 45 门，90 分以上课程 30 门，其中概率论与数理统计 B 100 分、线性代数 99 分、西方经济学 II 96 分，大一通过全国英语四、六级等级考试，并获得普通话等级考试二甲证书、计算机等级考试二级证书。在校期间积极参与各项学科竞赛，获得 40 余项荣誉及奖励，其中国家级 2 项、省部级 6 项。科研上，主持 2 项重庆市大学生创新创业项目，主持及主研 2 项校级基金项目，在省级期刊以第一作者发表学术论文 3 篇，参与发表期刊论文 6 篇，以第一发明人设计完成实用新型专利并成功授权；学科竞赛上，她带领团队参与第十届全国"创新、创意及创业"挑战赛，并获得重庆赛区一等奖和最佳创业奖，获第十届全国红色旅游创意策划大赛西南赛区二等奖；工作上，曾担任大学生新闻社双福分社社长、旅游协会文体部部长，现任学校宣传部校报、新闻社记者,是学院"创无疆"工作室成员,在校报、校网等发表文章数十篇,工作认真负责,获得了老师和同学们的一致好评。

付出更多的努力,才可以收获更好的成绩

"我以前是理科生,但是旅游管理的大部分课程更偏向文科,所以我一开始在心理上对专业课程存在抵触感,认为自我竞争能力不强。"谈到自己在大学期间的学习经历,黄洋讲述了自己的故事。她同时也表示,正因为这个原因,她才觉得自己在专业课程领域要付出比其他人更多的努力,才可以收获更好的成绩。

关于竞赛和科研的学习,黄洋讲到,每个人刚开始的时候都是小白,但是只要愿意开始、勇于开始,慢慢就会积累到很多的知识。"比如在创新创业比赛中培养的思维方式,旅游线路规划过程中积累的知识,都让我受益匪浅。"

热爱自己的专业,尝试和挑战不同的事物

作为旅游管理专业的学生,黄洋用自己的视角解读旅游与生活之间的关系:"旅游就是用自己的脚步去丈量世界,用自己的内心去感知远方的一个过程;有人这样比喻,生活更像柴米油盐之间的平淡,而旅游则是诗和远方的追寻。但我认为生活和旅游他们之间就是相因相生的关系,有些时候,旅游点缀生活,将万卷书海化作万里长途;但更多时候,旅游就是去体验生活,体验陌生的、未知的、富有挑战性的,抑或是简单而诗意、温婉且厚重的生活。"

"到目前为止,我参加过的最艰难的一场比赛应该算是2021年的美国大学生数学建模比赛。"因为信息对接的问题和前期个人心理上的不自信,黄洋错过了国赛,出于对数学的执念和挑战自我的决心,她果断选择参加了美赛。"我的美赛非常不顺利,连续换了两次队友,直到比赛前十多天才最终确定了我的队友,那个时候心里真的

很纠结,不想放弃,但不知道怎么往前走,开始质疑自己的能力,觉得自己运气很糟糕。但感谢当时的自己,选择了坚持,也感谢我的两个小伙伴,相互陪伴战斗了四天,虽然我们当面交流很少,但他们成了我非常重要的朋友。"即便是困难重重,但不言放弃,美赛成了黄洋大学里印象深刻且美好的一段经历。

平衡学习与工作,需要进行轻重缓急的划分

除了学习、竞赛与科研之外,黄洋在学生工作方面也有不少经验。她大一就加入了院学生会、院篮球队、大学生新闻社双福分社;大二担任了大学生新闻社双福分社社长、旅游协会文体部部长;大三在校报、校新闻社、人文学院"创无疆"工作室工作。"我始终将学习摆在第一位,学生的本职工作就是学习。但同时,我会将学习任务与其他事务进行轻重缓急的划分,在保证完成学习任务的前提下优先完成紧急事件、重要事件。"谈及自己平衡学习与工作的窍门,黄洋讲述了她的见解。

在学习之余,黄洋最大的爱好是摄影、打篮球和旅游。"我很喜欢通过摄影的方式来记录生活,尤其是旅途中的所见所闻。大一、大二的时候,我参加过'交大杯'篮球比赛,一有时间,我就喜欢去球场打打球。"对于大学未来的学习规划,黄洋表示,自己首先需要不断提升专业能力,在大三的时候多参加各类学科竞赛,并好好学习英语。

面对如何提升学习效率的问题,黄洋分享了她的经验:"学科与学科之间、学科与生活之间都是相通的,我们一定要将知识融入大脑为我们所用,而不是让大脑围绕知识转圈。"黄洋认为学习一定要"走心",不要只记住形式化的东西,要深刻地理解、融会贯通,才能让自己获得实质性的提升。

黄洋说:学习一定要"走心",不要只记住形式化的东西,要深刻地理解、融会贯通,才能让自己获得实质性的提升。

驾知识之船，畅人生之海习悟生活

　　"保研清华，保研华中科大，平均绩点 3.87，累计获得 10 余项国家级竞赛奖项，4 项省部级奖项，10 余项校级奖项……"这不是培训机构的广告词，而是菁园 2 栋 301 宿舍的成员简介。由来自 2017 级航运与船舶工程学院船舶与海洋工程专业的张烈、胡朋、李潮、周锦龙、马灿、余超组成的寝室，在学年考核中包揽专业前三，共取得海航赛特等奖等校级及以上奖励 60 余项，并共同承担了 2 项创新创业项目。

保研不是目的，学习才是目的

　　和很多同学不一样，"保研"并不是马灿的学习目的，对于保研清华大学，他表现得很平静："我只是想好好学习，做自己热爱的，我所学的就是我热爱的。"没有严格的作息表，没有密密麻麻的规划，马灿说自己"想做什么就做什么"。有时候他忙着竞赛,就愿意做很多竞赛题,暂时放松一下专业课的内容,有时候需要在项目上付出更多精力,马灿就不会顾及其他,专心做眼前的事。"我不会给自己规定一定要做到几点,因为我很喜欢做项目,很多时候做完才会发现已经凌晨一两点了。"

保研华中科技大学的周锦龙得知要受访后,当晚抽空将自己想说的内容写成了一千多字的草稿,他说:"我想做好准备,以免到时候一时想不起说什么,留一份也好作为新闻稿的补充。"他的室友对此表示,周锦龙就是这样,认真严谨,有责任心。他在确定自己保研的目标后就开启了"996"的生活——早上 9 点起床,晚上 9 点休息,每周至少学习 6 天。"既然决心要做,那就专注于此,学习不是一蹴而就的,而是时间和精力的投入。"

多经历,否则你不会知道什么是你想要的

张烈热爱运动,热爱科研,在担任体育部副部长的同时,还发表了一篇科研论文,申请了一项实用新型专利,获得全国海洋航行器设计与制作大赛二等奖。"无论是哪方面的经历都是一种经历,大胆去尝试,犯过错误的经历也是经历,失败的结果也是一种结果。不能武断地把它分为'有用'和'没用'。只有多经历,才能知道你想要的是什么样的生活。"张烈在大学时积极参加社团、社会实践与竞赛,最后发现体育和科研正是自己想要的,是自己人生奋斗的方向。

与张烈不同的是,余强选择毕业后就业作为自己的未来规划。"那是高考结束的暑假,我打完工已经很晚了,站在高楼的窗边看万家灯火,忽然觉得我的人生不应该如此,我现在打工做兼职,但我不想一辈子就过这样的生活,我也想做一盏灯,发一分光和亮,能照亮一片黑夜。"余强没有忘记自己 18 岁那年的想法,进入大学后,他在勤工俭学和辅修第二专业的情况下,依旧拿到了 3.82 的绩点,目前已签约国有企业上海江南长兴造船厂,希望能为我国舰船发展事业

贡献一份力量。

做你自己,认定你想走的路

胡朋在大三时绩点4.16,专业排名第一,同时获得3项校级竞赛奖励,发表2篇科技论文,被同学视为"偶像"。对这样的称呼,胡朋表示应该多向身边优秀的人学习,"偶像"也有自己的偶像。"我喜欢向周围人学习,这种学习不仅仅是向别人学知识,更重要的是学习别人的品格意志,不仅是身边的人,也可以是一本书中的角色。即使你们专业不同,境遇不同,向他学习也许不能帮助你成为某一领域的高手,但是会让你在人生道路上受益匪浅。"

与考研保研的室友不同,此时的李潮正在为"大学生士官计划"做准备。他从小怀揣军人梦,从大一起他就明确了两件事,学习和锻炼身体,三年来风雨无阻。"我不仅锻炼身体,还锻炼思想。"

"在大学要明确目标,不能看别人做什么就去做什么。如果想要研究深造,就去考研,你有热爱的工作,就早点实习,接触相关领域的前辈,而不是看别人怎样你才去怎样。"李潮一开始做这个决定时,很多人都不理解,但他的老师给了他很大的鼓励。"'选择本来就是一个人的事情',我也想对学弟学妹们说:人和人之间差距很小,差异很大,做你自己,认定你想走的路。"

菁园2栋301宿舍说:既然决心要做,那就专注于此,学习不是一蹴而就的,而是时间和精力的投入。

将学习当成一种生活习惯

　　阳溯清,信息科学与工程学院 2019 级计算机科学与技术(大数据与人工智能)专业学生,在校期间平均绩点 4.32,其中大一上学期平均绩点达到 4.36,学习成绩排名和综合素质排名均为专业第一,其数学、物理、专业主修课程中最低分为 93 分,其余均达到 95 分及以上,并于大一上学期通过英语四级考试,大二上学期通过英语六级考试。她具有良好的科研创新能力,取得了"蓝桥杯"省赛二等奖等奖项,获得"三好学生""学习标兵"等 3 项荣誉称号。工作方面,她担任班级学习委员,积极为同学们服务,使得班级的学习成绩位列年级前茅,具有较强的工作能力。

　　俗话说"泰山不拒细壤,故能成其高,江海不择细流,故能成其深",三百六十行,无论做什么,细节都决定着成败。当今想做大事的人很多,但想把小事做细的人很少,须知伟业固然令人神往,但构成伟业的却是许许多多毫不起眼的细节。只有做好每一个细节,才有可能成就伟业。注意细节,聚沙成塔,才有可能接近成功,把握成功。

　　问到学习习惯方面，她说："我的习惯和老师建议的差不多，无非是课前预习，课中做好笔记，课后复习，及时做题，除此之外，我喜欢给自己制订计划。大学开学前我就做了一个总体的计划，刻在我的脑子里。每学期开学我会给自己制订一个学习计划和学习目标，写在本学期计划本的第一页，每天晚上我也会给明天的自己制订一个详细的计划，并写在我的计划本中，这样我才不会在没有课、没有作业时觉得无所事事、虚度光阴。"

敬畏学习，乐于学习

　　学习并不是我们前进路上的绊脚石，而是我们的助推器，能够让我们走得更远，站得更高。"你只有把学习当成朋友，学习才会对你友好"，她说，"我从来不把学习当作一种负担，是一种必须完成的任务，我把学习当作一个朋友，当成一种生活习惯，虽不比空气对我而言的重要性，却也占据十分重要的地位，我很喜欢学习，很热爱学习。我想学更多的知识充实自己，丰富自己的羽翼，同学习相伴相随。"

心如止水，逼近成功

　　心如止水是一种典雅的气质，一种古朴的情怀，一种别样的优雅。生活中，总有一些事、总有一些人会令你暂时心情跳跃，迷乱在自我世界中，这时就到了人生中的一个小小转折点，迅速找回自己的理智、找回自己的平静心情就十分重要。每天晚上睡觉前，我会强迫自己冷静下来，不断反省自己，哪件事做错了，哪件事做对了，有哪些地方做得不妥，找到一种解决方法，抑制住下次发生这种事情时浮躁的心，让自己时刻保持冷静和理智，用一颗平常心面对世间纷扰，困难面前不灰心，成绩面前不骄傲，诱惑面前能自持，心如止水，轻装上阵。

细心仔细，聚沙成塔

　　谈到自身的最大优点，她说："我觉得自己最大的优点是细心。

以前每做一件事、每写一篇文章我都会反复检查是否做对、写对，效果也很明显，现在在生活学习中，自己不会专门注意一些小细节，但是能无意识地将一些小细节都考虑到、做好。"

阳溯清说：心如止水，轻装上阵。

知者行之始，行者知之成　知行合一

有这样一间寝室，成员们因为共同的目标而聚在一起，生活中彼此激励，相互扶持；学习上相互答疑，密切交流，形成了良好的学习氛围，大三学年平均学分绩点 3.69；在校期间，寝室成员获得 37 项校级以上荣誉，发表学术论文 1 篇……目前已有一位成员成功保研北京交通大学。这就是由来自 2017 级交通运输学院交通工程专业的六名男生谢厅、杨百川、鲁冰洋、郑礼伟、祝亚奇、江文艺组成的慧园 B 栋 845 寝室，它被成功选为 2020 年重庆市"文明寝室"。

相遇相随，始于性格契合

在谈及如何分配在同一间寝室时，室长谢厅笑着说道："考虑到作息时间、性格、学习方面的问题，最早是我主动联系的大家。大一的时候基本都认识，彼此之间相处挺不错就住在一起了。"一年以来，他们彼此包容，共同成长。"我们寝室分工明确，在寝室劳动这方面都很自觉。"针对寝室的环境问题，谢厅如是说道。正因成员们性格上的自律，845 寝室才能连续荣获两次"四星级文明寝室"称号。

在谈及寝室氛围时，六位同学都表示寝室的学习氛围十分浓厚，成员间相互监督，共同完成学习目标。江文艺回忆起与室友们共同学习的点点滴滴时感慨道:"每次考试之前整个寝室都会定一个成绩目标,不会让每一位成员落下;时间比较充裕的情况下会整理各科的笔记来复习,时间比较紧时会采用口头叙述的方式来进行重点、难点等的强化。"鲁冰洋同时表示,寝室的活动远不止于此,祝亚奇平常也会带着我们一同去公园、景点等地方游玩,让大家在较大的学习压力下得到放松。

行胜于言,把握时间脉络

言必求实,以行证言。全寝室平均绩点取得 3.69 的好成绩,离不开他们共争朝夕的努力。努力的过程中,时间安排往往显得更加重要。在 6 人间寝室里,有 3 位担任班干部,4 人在院级相关学生组织或学生社团中获得荣誉称号,6 人多次自愿参与前往敬老院、幼儿园的义务服务活动。谈论到如何平衡社团活动或学生工作与学业课程之间的关系时,祝亚奇认为在课程任务较轻松时可以多参加活动、完成工作;当工作与学习存在冲突时自己就会以学习任务为主,放弃一部分工作事务。

学业之余,寝室成员还会参加各类学科竞赛,充分利用课余时间。"参加竞赛不会占据太多时间,把自己平时的专业课学好,等到比赛时花费多一点时间便可,比赛结束后再投入更多精力于学习上。学科竞赛能帮助我们去整理学过的知识,掌握更多新知识点,能真正实现运用,这便是最大的收获。"谈及学科竞赛,现已成功保研北京交通大学的鲁冰洋回忆起三年以来积极参加各项活动和比赛的经历,眼神中透露出满满的热情。

青春寄语,共朝梦想远航

在江文艺看来,大学是生命中最美好的青春年华,应当充分利用大学的时光,抓住自己想要收获的东西,找准自己的兴趣爱好,开阔自己的眼界。"青春指引着我们踏上梦想的征途,我们在此不断启程,不断去探索未知的广阔领域。"

"多行动,少迷茫,一切尽早做打算。"这是知行合一寝室留下的青春寄语。"大学阶段,能参加的学科竞赛尽量去参加,多去了解深层次的专业知识并给自己创造机会,无论是考研、保研还是找工作都要留给自己充足的时间,尽早做出正确的抉择。"寝室长谢厅表示,眼前相处的时光虽短暂,但他们会格外珍惜相聚的时光,一步步实现未来的梦想。

慧园 B 栋 845 寝室说:每次考试之前,整个寝室都会定一个成绩目标,不会让每一位成员落下。

韶华不负　奋斗以成

"一点浩然气,千里快哉风",挣脱世俗的囚笼,做一只搏击长空的雄鹰;"兴来每独往,胜事空自知",打破思维定式,如一只独来独往的野鹤。浩瀚无垠的大海,那一片深邃的蓝让心没有了羁绊,去掉所有束缚,舒展双臂,拥抱全新的世界。

"创新"就好像雕琢一件精美的玉器,在一块开始看上去并不起眼的原石上打磨加工,耐心地勾勒出独特的纹路,细致地刻画上奇趣的符号,经过时间的酝酿,通过努力地付出,呈现出令人惊艳的成品。期间所消耗的精力,遇到的考验,创作过程中的瓶颈,为我们遇见最好的作品埋下了伏笔。

属于天空的,那就去飞翔吧;属于海洋的,那就去汹涌吧;属于大地的,那就去扎根吧。"恰同学少年,风华正茂",青春没有地平线,未来没有终点。我们需要不断地提升自我、重塑自我,拼搏进取,刻苦钻研,奋斗以成。

全国首创"智能机器人"为桥梁治病

由共青团中央、全国青联、全国学联、全国少工委共同评选的 2014 年大学生"小平科技创新团队"名单公布了,重庆交通大学"混凝土桥梁检测、评估与加固理论与技术科创团队"入选。这个团队由周建庭教授和其他老师共同指导。在重庆交通大学的校园里,该团队被称为"桥梁医生",成员有 3 名博士生和 26 名硕士生,年级横跨研究生一年级到博士生三年级,还有多名"90 后"成员,基本都是学霸。或许你会好奇,他们研发了什么? 学霸们又是怎么搞科研的?

研发桥梁"智能机器人",入选"小平科技创新团队"

"混凝土桥梁检测、评估与加固理论与技术科创团队",这样一个"绕口"的名称,肯定让你很困惑:他们到底是干什么的?

交通运输部的一项资料显示,我国的混凝土桥梁占桥梁总数的90%以上;我国70多万座桥梁中,有1万多座属危桥,1/3以上桥梁的部分功能失效,急需加固改造。重庆交通大学的这个团队就是帮桥梁"看病",为桥梁加固的。其最亮眼的成果之一是研发的"智能机器人"——高大索塔裂缝检测装备。

团队负责人、重庆交通大学2011级研究生陈增顺向记者介绍,斜拉桥在桥梁建设中应用很广泛。对斜拉桥来说,索塔承载了整座桥梁的大部分荷载,索塔的塔壁会因材料或者环境因素出现裂缝,其"健康状况"直接影响桥梁的安全。面对两三百米高的索塔,现有的检测主要依靠人工观察、超声波扫描等,但都难以检测到高大索塔的各个部位。

"我们研发的成果可以解决这项难题。"成员宋军说。智能机器人装载着高清摄像头,可以在索塔上自由活动并扫描,获取索塔表面的裂缝图像,利用数字图像成像系统对裂缝区域进行影像摄取和分析,获得裂缝的宽度、长度和走向等信息,甚至可以分辨宽度小于0.1毫米的裂纹。

这个机器装置是U形的,它能根据索塔的大小调节自身的大小,并且可以载人到索塔顶部进行人工检修。该成果目前已完成室内试验,即将运用于广西外环高速公路大冲沟大桥的索塔裂缝检测工作中。

团队的研究成果还包括磁记忆无损检测和红外成像无损检测等技术。团队成员、2011级博士生陈悦介绍,磁记忆无损检测是指不拆掉表面的混凝土就可以检测桥梁的"健康状况",如检测里面的钢筋是否已腐蚀等。目前,这两项技术已进入试验阶段。

这样的技术和系统是首次研发吗?团队指导老师、重庆交通大学土木建筑学院(现土木工程学院)教授、博士生导师周建庭告诉记者,这个装置在全国来讲是首创的,而且是团队自主研发的。

据悉,这个装置已经申请多项国家专利。正是凭借这些成果,团队经过层层筛选,入围 2014 年 100 个"小平科技创新团队",重庆市只有重庆大学和重庆交通大学两所高校的团队入选。

没有造出机器人前,他们爬上桥梁索塔"问诊"

虽然这个团队的成员都还是学生,但其研发的技术是要被用于桥梁建设的。在研发中,他们既需要在实验室里忙碌,也需要去全国各地的工地上"实战"。

几年来,团队中的成员已经先后去过西藏、云南、广西和重庆等省(市、自治区)多个区县的工地,检测加固桥梁 500 余座。

国内第一、世界第二跨径的轨道斜拉桥——重庆轨道 6 号线蔡家嘉陵江大桥已经建成通车。这座桥的施工监控便是由这个团队负责的。80 多米高的桥塔,在没有任何安全措施的情况下,他们常常要上到塔顶粘贴应变片,进行风向传感器、风速传感器、雨量计、倾斜仪的设置。

怎么上到 80 多米高的桥塔顶端呢?一位成员告诉记者,他是从桥塔内部的通道爬上去的。通道里面漆黑一片,他借着头上的小灯,手脚并用,一口气爬了 25 分钟,到达塔顶的时候已经汗流浃背。

同样是这座桥,有一次两名成员准备乘坐电梯上到塔顶去粘贴应变片,谁也没有想到的是电梯上升到一半时出现了故障,既上不去,又下不来,高高地悬在五六十米的高空中。"下面就是实实在在的混凝土桥面,说不害怕是不可能的,当时我们想的是,为什么今年没有买保险呢,嘿嘿。"一位成员打趣道。在空中停留了近 3 个小时后,工地上的吊车解救了他们。真真实实地体验了一次"高空游戏"之后落回地面,惊魂未定的他们,仍然在电梯修好以后再次上到塔顶,做好自己未完成的工作。

在各种检测过程中,成员们常常受伤,如手脚被钢筋刮破或者摔伤。但正是这样艰辛的实地考察,为他们的技术研发提供了宝贵的经验。

他们的青春谁做主——钢筋、水泥、混凝土

研发的过程是枯燥的,每天从早上8点到晚上6点,队员们接触的是不停运转的大型实验仪器和各种构件碰撞的刺耳声音,或者是工地上的钢筋、水泥、混凝土;中午常常是一份7元钱的套餐和一瓶矿泉水,就着对当天实验结果的激烈讨论匆匆下肚;晚上再拿着当天的实验数据回到办公室,运用数值分析软件进行研究、修正,经常忙到凌晨。

29人的团队要运行好,协同创新很关键。

队员们在各研究领域进行了明确的小组分工。例如,博士三年级的宋军所在的小组负责加固与评估理论,研究生一年级的杨俊所在的小组负责检测与加固技术。

在具体的实验和工程项目中,小组与小组之间难免会存在分歧。"我们团队最好的地方就是有攻读博士的学长学姐,出现分歧后他们就会来指导。"成员王杨说。

但还有一些问题是学长学姐不能解决的。混凝土桥梁检测、评估与加固理论与技术研究是一个交叉学科,涉及计算机、机电、机械、通信等很多领域。当遇到学长学姐都解决不了的问题时,他们就会请教指导老师和其他专业的教授。这个团队的指导老师既有土木工程学院的老师,也有机电、机械等专业的专家、教授。

"有时候也会去蹭其他专业的课。"成员李志刚说。在做磁记忆无损检测时,他们需要掌握关于磁、电磁、金属学方面的知识,但这些不是简单的高中物理知识,除了请教老师,更多的时候需要他们自己一本书一本书地看,一起学习新知识。此外,开始此项科研以来,团队每周四晚上都有一个研讨会,针对遇到的问题开展"头脑风暴"。

对此,宋军有很深的感慨。他说:"在研发过程中,我们遇到任何技术难点解决不了时,重庆交通大学的教授们都乐于指导,学校科技处、校团委等部门给我们的科研提供了人力、财力和物力的支持。"

科研团队人人都是"学霸",有的已被香港科技大学录取为全额奖学金博士生

如果你以为他们只是在实验室里搞科研,那你就错了,他们的学习成绩也很棒。

团队一共有 29 人,成立于 2009 年。从性别来看,有 9 名女生、20 名男生;从学历来看,有 3 名博士生、26 名硕士生,他们所学的专业是桥梁与隧道工程专业或者相关专业;从年龄来看,最大的是 32 岁,最小的是 1992 年出生的。

说他们是一个"学霸科研团队",一点不夸张。26 岁的陈增顺曾是这个团队的负责人,获得过全国"挑战杯"大赛金奖、"重庆市青年五四红旗手"等省部级及以上荣誉或奖励 30 余项,他已经被香港科技大学录取为全额奖学金博士生。其余的队员无论是在本科阶段还是在研究生阶段都拿过很多次奖学金。团队共有 29 人,有一半的人都是保送研究生或者"直博生",其余人的考研成绩大都超过了国家分数线 70 多分。

"小平科技创新团队"成员说:奋斗的青春最美丽。

笑容背后

成功的花,人们惊羡它现时的明艳,然而少有人知当初它的芽儿,浸透了奋斗的泪泉,洒遍了牺牲的血雨。

历经 6 个月,180 多天,4 320 个小时,世界首届大学生桥梁设计大赛落下了帷幕,"垂直大桥"团队在决赛中凭借出色的答辩,斩获了大赛二等奖。在这个辉煌的时刻,每个队员的脸上都洋溢着灿烂的笑容。他们明白,是不懈的努力才换来了今天灿烂的笑容。

因为爱好,所以相遇

只有出于真心的热爱,才能凝聚成勇往直前的团队,才能构思出独创性的设计,呈献给世界完美的作品。出于真心的热爱,来自桥梁与隧道工程专业的研究生聂志新、屈英豪和张顺,交通运输工程专业的研究生杜疆，道路与铁道工程专业的研究生苟珊，建筑学专业的本科生李伟平和黄泓桦聚在了一起，踏上了世界首届大学生桥梁设计大赛的征程。聂志新在本科时期就参加过学校组织的桥模大赛，对此类比赛的基本流程和需要提交的成果有一定了解，加之聂志新有领导和统筹能力，大家推荐他为团队负责人。在聂志新的带领下，团队从最初参加这次大赛时并没有很清晰的认识和规划，到站在领奖台上获得荣誉，其间每位队员都发挥着自己的作用。

因为执着，所以相知

马克思曾经说过："在科学上没有平坦大道，只有不畏劳苦沿着陡峭山峰不断攀登的人，才有希望到达光辉的顶点。"记不清有多少个夜晚，他们反反复复地画着图稿，一丝不苟地做着实验，不遗余力地熬夜奋战几乎是家常便饭。所有的娱乐甚至休息都被抛之于脑后，他们把自己完全融进了一张张冰冷的图稿、一次次单调机械的实验中。团队成员在这样的氛围中没有一丝一毫的抱怨；相反，在将近半年的时间里，他们努力让自己保持着高度紧张的状态，生怕错过一闪即逝的灵感。

被问及在漫长的半年中面对巨大压力时，是否想过放弃时，队员们几乎如出一辙地回答：从未有过放弃的想法。从言谈间，可以轻易地感受到他们执着的追求。在拼搏的半年里，很多事情于他们是一种过程体验，收获在付出的那一刻就已经很丰富了，结果并不是那么重要。他们把每一个细节都做到最好，从而凝聚成最完美的作品。他们有苦闷的时候，辛苦想出的创意被指出不足甚至被否定；他们有无措的时候，进程停滞不前而可用时间已所剩无几；他们有无奈的时候，辛辛苦苦完成的成果一次又一次被推翻……种种坎坷，样样艰辛，他们的每一步都必须脚踏实地，带着苦和累，也要坚持！坚持！再坚持！在这个严谨勤恳的团队里，每位队员都坚守各自的一份职责。从搜集资料到逐字研究成稿，从设计图纸到制作模型，从创意设定到实物操作,无一不需要细致精确的分工合作。彼此间的默契让他们提高了工作效率,充分激发了热情。

因为艰难,所以相励

从初赛到决赛名单公布前的大半年,再到后来为决赛准备 PPT 的一个月加班熬夜,其间的艰难可想而知。例如,在决赛前两天,刚抵达北京的那天晚上,学校组织了最后一次 PPT 模拟汇报,主要目的是鼓舞士气,但是专家们对他们的作品提出了一些疑问,需要他们进行修改。原以为"万事俱备,只欠东风",没想到会有这么多疑问,时间不多了,还有模型要拼装,大家的心情都比较低沉。但他们明白没有退路,必须努力。他们从会议室步行回到宾馆的路上,讨论着专家提出的意见,决定修改方案,分配任务,回到宾馆后就开始修改,最后很好地完成了修改任务。

道路与铁道工程专业的研究生苟珊是团队里唯一的女生,她和大家一样,坐公交、地铁四处去调研主城各座大桥的实际交通情况,同样加班熬夜改稿子、修改 PPT。当产生矛盾时,她总能使大家心平气和地坐下来交流沟通、统一思想。

因为分担,所以相伴

长久相伴的队友们已成为彼此的支持力量。也许,他们一开始只是为自己心中的梦想而聚合在一起,一路走来,现在的他们已经是紧密团结的一家人。"团结一致"似乎远远不能用来定义他们风雨同舟的情谊。在通宵达旦的奋战中,每每遇到思维局限,压抑的气氛在无形中陡然而至,精神上的压力往往让陷入瓶颈的队友无所适从,这时总会有人适时地讲几个经典的笑话驱散空气中的阴霾。瞬间,原本乏力沮丧的团队会重新回归最振奋的状态,那是一种不必言说的温暖。他们也曾遇到一些紧急情况,为答辩准备的 PPT 因为计算机系统的不同而出现问题时,早已精疲力竭的队友们不约而同地放弃吃饭和休息时间,再一次全身心投入紧张的修改中。隐患排除后,队友们欣喜万分。这样令人动容的回忆还有很多,这些是最值得珍惜的记忆,会在记忆中被永恒珍藏。

陪伴整个团队的还有不断给予帮助的老师。老师充当着引导人的角色,不厌其烦地指出设计上的不足之处,给出专业性建议,反复审核团队的答辩PPT,力求精益求精,为赛事的最后胜利奠定了基础。老师的支持,如一盏指路明灯,照亮了前行的路。

友谊在他们艰难前行的路上是不可或缺的力量。心力交瘁、满心无力的片刻,一个关切的电话能让他们感受到真挚的支持。当苦恼、烦闷接踵而至,朋友可以伴在一旁散散步、吹吹风,倾听他们内心的疑惑,以局外人的身份冷静分析,给予鼓励。这就是真正的朋友之谊,朋友们用自己的宽容成就他们的惊涛拍岸。

通往梦想的道路上充满了未知的困苦挑战,每一个追寻目标的人在成功之前都要经受重重阻碍的考验,然后一点一点地弥补存在的缺憾。回想这段参赛经历,团队的每一位成员都认为自己的付出是值得的。在整个过程中,他们不仅将理论与实际结合,提高了技能,拓宽了视野,也更加懂得了责任感的含义,懂得了团队精神。

"垂直大桥"团队说:通往梦想的道路上充满了未知的困苦挑战,每一个追寻目标的人在成功之前都要经受重重阻碍的考验,然后一点一点地弥补存在的缺憾。

锲而不舍地追逐

　　三年前，只身一人，坐了一天一夜的火车，跨越了一千多公里，满怀一腔走南闯北的热血，刘科开启了自己的大学生活。

　　然而，初入大学的刘科，对自己的学习和未来心存迷茫，孤独而不知前路几何。那时候的刘科常常自问，他想要一个怎样的大学生活？听了一堂堂的专业导论知识课的讲解，刘科开始对材料科学与工程这个专业有了更加深入的了解和认识，并且体会到"材料人"博学近思、笃志行远的求真态度，同时他也明确了自己的奋斗目标，开始勇敢地追逐自己想要的大学生活。

衣带渐宽终不悔，为伊消得人憔悴

　　有志者，事竟成，破釜沉舟，百二秦关终属楚；苦心人，天不负，卧薪尝胆，三千越甲可吞吴。

　　当明确了自己的奋斗目标后，刘科便开始了锲而不舍的追逐。他仍旧保持着自己早起的习惯，从来不会定闹钟，也不曾睡懒觉。他知道,叫醒自己的不是闹钟而是梦想;他还知道,还有更多人比他优秀,他不想每天睁开双眼后,就已经落在别人后面。

同时,刘科深知,大学的学习不应该只停留在课本上,更高层次的要求在于挑战自我、开拓创新。大二的时候,他的漫漫探索之旅开启了。他参加学科竞赛的目的不在于最终成功与否,而在于经过这个过程的历练,不仅能够开拓自己的眼界、结识优秀的同学,而且可以培养和提升自己的能力。

当然,刘科的生活也不仅仅有学习和学科竞赛。一个优秀的人,应该在各个方面都能做到优秀。他不仅在班级担任班长,还在学院担任学生会主席、学院心理咨询中心助理。面对繁忙的学生工作,他怀揣一片赤诚之心,积极主动地服务他人,带领学院的同学们积极参加课外活动。2018年暑假,作为"材高志远"团队的队长,刘科带领队员们开展了为期一周的"三下乡"社会实践活动,顶着7月的炎炎烈日,他们走进乡村体验生活,感受到了幸福生活的来之不易。

然而,最令刘科难忘的是在校健美操队的时光。一次偶然的机会,刘科参加了学校的啦啦操比赛,并通过考核加入了校健美操队。他非常珍惜这个难得的机会,利用两周的暑假时间和国庆节的休息时间,积极地和队友们参加训练。在这里,他不仅仅收获了在全国舞台上的荣耀,同时也收获了满满的友谊,这是一个非常团结、友爱的集体。虽然现在刘科已经退役,但是这段经历他会铭记一生。

众里寻他千百度,蓦然回首,那人却在灯火阑珊处。

每个人立志追逐的目标,在达到足够的积累后,量变成为质变,目标自然就会实现。

刘科表示,他很荣幸能够获得重庆交通大学最高荣誉"明德奖学金",这是对他过去的学习和生活的肯定。而人要向前看,未来还有很长的路要走,还要面临很多的挑战和困难。他说:"我会通过自己一点一滴的努力去攻克难关。我喜欢那种为了一件事情努力的感觉,更喜欢自己努力完成一件事后获得的小小成就感。也正因如此,对每一件事,我都会尽自己最大努力做到善始善终,更好地完成它。"

当再一次被问起想要一个怎么样的大学生活时,刘科说:"我想要的大学生活,不仅仅有学业、科创竞赛,同样还有学生工作、社会实践、文体活动。这样的大学生活才算充实,才不枉费这四年最美的时光。"

刘科说:我想要的大学生活,不仅仅有学业、科创竞赛,同样还有学生工作、社会实践、文体活动。这样的大学生活才算充实,才不枉费这四年最美的时光。我会通过自己一点一滴的努力去攻克难关。我喜欢那种为了一件事情努力的感觉,更喜欢自己努力完成一件事后获得的小小成就感。也正因如此,对每一件事,我都会尽自己最大努力做到善始善终,更好地完成它。

交大科研小能手

刘念,马克思主义学院马克思理论专业硕士研究生。在校期间发表了 7 篇论文,参研 2 项校级及以上重点课题,主持 1 项校级课题,荣获 13 项校级及以上奖项。

行远必自迩

三年的研究生时光,可以说很长,但其实也很短。三年的时间,一棵树苗可以长成大树,红色的塑胶操场逐渐褪为奶白色;三年却也很短,可能来不及完成一个科研课题,也可能还没有写出一篇满意的论文。

回首这三年,刘念的研究生生活充实而美好。她对未来的规划早在研一的时候就已经拟订好了,并严格按照自己的学业和职业规划在努力拼搏,纵有遗憾,但更多的是收获的喜悦和对未来的期望。

食堂的馒头、二教楼的钟声、图书馆占位的辛酸、一号门外公交站的末班车、导师殷切希望的眼神、同学互帮互助的友谊……刘念念念不忘的研究生生活即将结束,很快她就要步入全新的职业生涯,她也希望可以在高校工作中收获更多的成长。

循序渐进

刘念读研究生时主持的科研课题方向是关于大学生思想政治教育的,科研这条路不适合急性子的人走,刘念却说自己的性格有点急躁。"读研之前,做事总是没头没脑,抓不住重点,静不下心。"

在科研的道路上总有磕磕绊绊。科研经验不足,在课题选定、研究方法、研究内容的把握上精准度不高;科研团队的专业性不够强,学科交叉不明显;科研问题的解决能力不足等问题时常困扰着刘念。

良马遇伯乐,刘念遇到了她的导师。导师的沉着冷静、学识渊博深深地触动了她,她慢慢学会了如何静下心来读文献、如何咬文嚼字、如何克服科研懒惰等问题,不断学习专业知识,请教老师、深入思考,扎扎实实搞科研。

刘念表示,科研过程中的收获很多,如学会了专业研究方法、认识了很多其他学科的同学、专业水平得到了一定的提升,为她的青春添上了浓墨重彩的一笔。

张弛有度

在积极参加科研的同时,刘念也坚持丰富自己的课余生活。研一时她加入了校研究生会,参加了体育类、创新创业类、学科竞赛类等活动,不仅开阔了眼界,也锻炼了自己的管理、协作、交流沟通能力。

对她来说,科研、社会活动、学习这三者并不冲突。研究生期间,她将学习和科研时间融合在一起,在规定的学业任务阶段按照老师的要求安排学习,课余时间适当参加一些社会活动。

　　刘念建议："平时除了科研、学习之外，我们也要学会适度地放松自己，劳逸结合，比如参加一些体育活动、社会实践等。"

　　刘念说：明德行远，心在交大，志在四方。

保持热情，拥抱每一片未来

　　叶笑，交通运输学院交通设备与控制工程专业 2020 级本科生，曾获国家励志奖学金 2 次、全国大学生数学建模竞赛二等奖、校级三好学生、校优秀班干部、2022 市级大创立项、2021 年校级大创立项、NVIDIA 开发者大赛优胜奖、智能交通创新创业大赛校三等奖、交科赛校三等奖（推荐国赛）、"互联网+"校二等奖、智慧交通创新创业大赛校一等奖（推荐国赛）等奖项。

心怀无畏，挑战未知

　　"数模的话，最开始感觉像做梦一样，挺不真实的，确实没想到会取得这么理想的成绩。"抱着重在参与的想法，第一次参加数学建模类比赛，便获得全国二等奖的佳绩，叶笑坦言，这是他未曾预料的。

在备赛期间，叶笑和他的团队成员们都非常专注于这次比赛，没有因为零经验就产生畏难情绪，所有人的想法都是全力以赴，不负自己。谈及参加数模时的分工模式时，叶笑十分感叹，"真的还是要感谢我的队友们。"他和队友三人平常就玩得很好，参赛的初衷也只是想体验未曾尝试过的东西，但没想到"无心插柳柳成荫"。

比赛过程中，队长丁怡的思维活跃，建模工作大部分由他完成；另一位队友周重位熟悉代路算法，负责调试代码、处理数据等；而叶笑主要负责写作排版，沟通思路。"按照数模比赛一般的分工情况，我们的分工大致是这样，但其实我们三个啥都干，大家没有哪方面特别突出，建模、编程、写作，我们几个都是共同完成的。"

目光所至，皆为星河

"我们一众白衣卿相，永远都有炳若日星的目光。"分享起最喜欢的座右铭时，叶笑的目光坚定，无不散发着书生意气。在如今竞争激烈的环境下，他也曾被世界以痛吻过，但依然报之以歌。"困难和压力是常有的，并且压力大的时候往往杂事频发。"在这段时间里，他会在每天晚上睡前梳理近期的所有事情，已完成的、未完成的，要求完成的时间，每件事的具体计划安排，每天早上醒来再看一遍，明确当天该完成的任务。梳理事件的先后顺序、轻重缓急的同时，思维也变得更加清晰明了。"随着事情一件件尘埃落定，肩上压着的担子也就慢慢减轻了。"叶笑坦言。

对于叶笑来说，印象最深刻的是大二那段马不停蹄的时光。"大二下学期忙碌充实且充满意义的日子仍时常让我回味。那段时间准备比赛、考驾照、准备学业课程考试、处理班级事务，准备交大杯辩论赛、准备社团活动和换届等等。"积极乐观的他，总是能在忙碌中找到乐趣。在每天早出晚归的光阴里完成每一项任务，让他成就感十足。

留有遗憾，更愿撑伞

"其实我感觉我有个特点，说不好听点叫说教，说好听点是经验分享。挺希望后来人能少踩自己走过的坑。"最开始进入大学时，叶笑也未曾有一个长远的目标，时间和精力也没有进行合理分配，"大二的时候着重于参加学科竞赛，忽略了学业，我的绩点也明显下降。"

当提到如今的同学都比较内卷并随之产生一系列焦虑时，他也给出了自己的回答。"每天完成自己的目标就很好。我还是觉得，要按照自己的节奏走好自己的路，清楚地知道自己在朝自己的目标走，这就是最好的状态。"他也正是了解自己想要什么，需要什么，才没有偏离属于自己的筑梦之路。

在大学的时光里，他一步步接近心里那个想要成为的自己。展望未来，叶笑饱含热情与期待，他讲道："希望大家回忆起自己大学生活的感受时，也能和我一样觉得：我曾如此活过，羡煞旁人！"

叶笑说：希望大家回忆起自己大学生活的感受时，也能和我一样觉得：我曾如此活过，羡煞旁人！

科研"小白"的成长之路

邱俊澧,获国家奖学金 3 次,"挑战杯"全国三等奖等省部级以上奖励 6 项,校级奖励 10 项;在读期间发表论文 6 篇,其中以第一作者发表 SCI-2 区论文 2 篇,以第二作者发表 SCI-3 区论文 2 篇,以第一作者发表 EI 论文 1 篇;申请公开专利 5 项。

科研之始

凡事皆有一个开始,当被问起为什么会选择科研这一条道路的时候,邱俊澧笑着回答道:"这就好比'四季轮回''瓜熟蒂落'。举一个比较牵强的例子,比如读了高中之后就应该继续读大学,不需要纠结。因此,我进入大学后,就自然而然地做了继续读研的决定。有时候不必过多纠结于如何开始,顺其自然。正所谓'船到桥头自然直',

在每一个阶段做好自己该做的事情,不留遗憾就好。"

邱俊澧接着说:"2016 年大学本科毕业后,我便揣着本科成绩单来到土木楼 2 楼,敲开了周老师办公室的门。一开始我还有些紧张与焦虑,毕竟一直以来只闻其名,总担心老师很威严。与我想象的不一样的是,周老师热情地叫我进去,待我说明读研意愿,再看了一眼成绩单便收下了我。"

自此,他就开始了在科研道路上的探索。

全新的科研之路

对初入科研之路的他来说,接触的一切都是全新的。由于邱俊澧是推免生,他刚进科研团队时连毕业设计都还没做,再加上专业素养方面只有书本上的理论知识,实践经验严重缺乏,科研认知几乎为零。一开始,周老师将他安排到"磁团队",他更是疑惑了挺久:他的专业是桥梁工程,研究磁做什么?"现在想想,这可真是生动地诠释了什么叫'小白'。"

参加他读研究生以来的第一次研讨会时,邱俊澧的脑袋里塞满了问号:研讨会怎么这么多人参加? 这位老师讲的是什么? 学长学姐讲的又是什么? 这个看起来很高端的东西是什么? 为什么周老师无所不知? ……两个小时过去了,他的脑袋里满是问号,却也深切感到科研的神秘,想着自己也要搞一个这么厉害的东西出来。

科研"小白"在成长

没有比人更高的山,没有比脚更长的路。对科研的好奇和追求,使得高山与漫漫长途变成了沿途迷人的风景。

"师父领进门,修行看个人",周老师给邱俊澧安排了大致的研究方向后,邱俊澧就行动起来,做实验、学习专业知识、看文献……要做的事很多。日子一天天过去,他慢慢地习惯了周五研讨会后在暗沉的夜色中摸黑回寝室,渐渐懂得了磁粉检测、金属磁记忆、自发漏磁、脉冲涡流,也明白了一些其他领域的知识,如 UHPC、桥梁健康监测。脑袋里的问号还在,不过变成了类似"我是不是可以用自发漏磁来反演锈蚀形态?"这样的问号。"虽然大多数想法不切实际,但总算是有点科研的味道了。"

再后来,他负责了一个广西科研项目的试验。对那一个试验,他的感触很深:"理论是一方面,但是开始进行实际操作时,一切又不一样了。试验方案设计、试件制作、电化学加速锈蚀、自发漏磁自动化扫描、磁数据处理分析、报告撰写等工作都得现学现用。更关键的是,试验用的钢筋混凝土梁虽说叫小梁,看起来也不大,但一块有近100 kg。加之'锈蚀——自发漏磁扫描'试验的周期性特征,总共要在两个试验场地间搬运 10 块试验梁超过 100 次。如果算上制作、运输、承载力试验、破拆测量锈蚀度流程,工作量得翻几倍。"

为了试验进度,他也常一个人搬材料,抱起 100 kg 的小梁,磨破衣服是常事,身上时常是脏兮兮的。此外,由于长期在重体力试验中的"优异表现",他经常被同学尤其是室友邀请帮忙搬各种沉重的试件和材料。

按照郑强的"非对称优势"定义——非本专业的特长,"力气大"就是一个土木类专业学生的非对称优势,他对此深有体会。平时他在业余时间会去健身房健身,坚持了六年有余。总而言之,他认为非对称优势是一个挺重要的东西。力量足有助于做试验只是一个方面,作为研究生,要有意识地培养自己的综合能力,善于演讲、交际或者擅长外语都是很好的。他的导师周老师也讲,读研不要只盯着自己研究的那一点东西,要锻炼综合能力,要把眼界打开。

难忘的拒稿经历

问及他最难忘的经历时,他打趣说:"不被拒稿的人生不完整。研一上学期期末,做完广西科研项目的试验后,我熬了几天几夜,和小伙伴们完成了第一份研究报告。当时,老师催促我们趁热打铁写一篇论文。可在新年即将到来之际,人难免懈怠,我花了两个月才写了一篇。模糊的图片、混乱的格式……我挠着头看老师的最新批注,改了几遍才终于定稿。我志忑地投了《建筑材料学报》,一个多月后惨遭'滑铁卢'。"

在第一次被拒稿后,他吸取了失败的教训。他说,被拒稿,也是积累经验的过程,可以从审稿人意见里看到自己的不足,而后继续努力。

有了经验,他后续又做了一批试验梁的试验,并修补了试验设计上的一些不足。这一次,他写了第二篇论文,大胆地投到了一个 3 区 SCI 期刊 Sensors,前后历经一轮大修加一轮小修,4 位审稿人的修改意见多达 70 多条。最终,经历了完整的论文投稿流程后,他发表了人生中的第一篇论文。付出总会有收获,研一未发表的那篇文章也促成他获得当年的研究生国家奖学金。此外,这些成功让他积累了更多经验以及信心。

渐入佳境

经验的逐步积累,再加上自己的不断努力,让他有了更强的实力。他将第一篇被拒稿的文章修改后投到《建筑结构学报》,又写了第三篇投到 2 区 SCI 期刊 Construction and Building Materials,这两篇文章在他研二下学期同时被录用。

研二暑假,他又与一位本科学弟合作在 3 区 SCI 期刊 Metals 上发表了第四篇论文,同时,他第三次获得了研究生国家奖学金。研三上学期,经历了重重波折后,他选择了行业认可度较高的 2 区 SCI 期刊 Engineering structures 投稿,论文于研三上学期期末被录用。当时,他与另一位老师合作完成的一篇论文也被中文核心期刊录用。

风雨过后是彩虹,他一路走来,终取得丰硕的成果,各种奖项纷纷收入囊中。问及他收获了这么多奖项是否有浮躁的时刻,他谦虚地说道:"一刻也没有过,并且我有些排斥甚至害怕大家过分的夸奖。

我在获奖经历中明白了'马太效应',随之也明白了自己真正所拥有的并非表面那么丰富,所以需要冷静下来在赞扬中看清真实的自己。而且我一想到那些真正厉害的科研同侪,就自知实力上的差距仍大。另外,我目前的科研水平离个人的理想也有较大差距,努力还来不及,哪有资本浮躁。"

科研之路还将继续

研究给他带来的深远影响,让他更加坚定自己的科研之路。他说:"我参加了一个云南科技厅的项目。这个项目研究的是用自发漏磁监测混凝土结构中的应力状态。在研究过程中我跟着老师在重庆、云南两地做了 20 座实桥的监测,看到了磁技术的实际应用效果,真正感觉到了科学技术的魅力——不仅仅是试验、论文、报告。"

邱俊澧目前的研究方向是"锈蚀钢筋混凝土梁抗弯性能磁评估",未来的研究方向应该是"海洋大气环境中多因素劣化钢筋混凝土结构力学性能监测与时变评估"。他对于未来的规划,首先还是在读博期间把研究做得更好,进一步提升自己的实力;以后毕业了留在高校当老师,继续从事科研工作,并培育出更多献身祖国建设的科研人才。

邱俊澧说:灵活的思维+付诸实践+多锻炼=科研成果。

勇敢宁宁，不怕困难，努力终圆复旦梦

　　今天故事的主人公是一位踏实上进，懂得感恩的女孩，在与她交流的过程中我们能真切地感受到她对知识的孜孜以求，对学术的精益求精，对科研的严谨认真，在采访中她曾说到过这样一句话——"人一能之己百之，人十能之己千之。果能此道矣，虽愚必明，虽柔必强"。也许正是这样的追求卓越、事事都要求比别人做得好一点的态度成就了她，成就了她本科毕业就直博复旦，下面就让我们一起来走近这位知足且上进的女孩，看看她是如何在大学四年里取得成功的。

李子湖畔，交大路旁

　　采访中我们有这样一个问题："你对交大的第一印象是什么？"她

说："印象很深刻,我刚到交大的时候,首先看到的是穿着红色的青年志愿者衣服的学长学姐们,他们站在校门口帮助学弟学妹们拿行李,他们很亲切热情,给我十分温暖的感觉。再就是交大的环境很好,风景也很漂亮,我真的很喜欢交大的李子湖,离开交大我最舍不得的就是交大的李子湖了。"

端正态度,认真做事

陈露宁说她最感谢的是她毕业论文的指导老师。他们于大三上学期相识,老师经常跟她说一句话——"人一能之己百之,人十能之己千之。果能此道矣,虽愚必明,虽柔必强"。陈露宁表示虽然她可能没别人聪明,但是会比所有人都勤奋。老师教会了陈露宁比学习更重要的事情——认认真真地做事。

"只要你在一件事情上花的心思比别人多,你就比别人更有可能在这件事情上获得成功。""我有一位朋友也教会了我很多,我们经常相约到李子湖畔散步谈心,她曾说过的一句话让我印象深刻:'欸!你有没有发现我们每次接触新事物,学习新的知识或者进入新的领域,刚开始总会感到十分困难,会有想打退堂鼓的想法?其实这个时候你应该感到高兴,因为只要克服了这个阶段,咬咬牙坚持下来了,你就一定会进步,接下来你就会越来越顺利!'"

诚心诚意

"在大一大二的时候,我能有一个目标——读研究生,或者说我成绩好的话,去争取保研。正是因为我有这样的一个想法,我在大一大二的时候便没有荒废时光,一直在很努力地学习。"

大学期间,她一直践行着两个字。

第一个字是"诚",诚心诚意的"诚",陈露宁在指导老师的研究小组里学会的最重要的一个字。也是凭借这个字,她在学习上比同一届的同学要做得稍微要好一点,她总会以诚诚恳恳的态度去做每一件事情。可能我们看到的只有最后的结果，可是对她而言，这些成果的取得却是用好几个月的辛苦付出换来的。所以在她看来，这个"诚"字对她的帮助是很大的，而且未来她也将一直坚守这种诚心诚意的态度去学习、去做事。

第二个字是"心"，就是说一个人要知心，要学会不断地去完善自己，提升自己的能力，然后让自己能够在新的环境里很好地做下去。

明德行远，交通天下

陈露宁理解中的交大校训，"明德行远"指的是明是非、重品德，她说《大学》开篇第一句就这样说道："大学之道，在明明德，在亲民，在止于至善。知止而后有定，定而后能静，静而后能安，安而后能虑，虑而后能得。物有本末，事有终始。知所先后，则近道矣。"交大的校训是想告诉我们交大的学子：一个人只有先明德而后才能行远。而"交通天下"，为新中国的交通建设培养人才则是我们交大建校的初衷。

在谈话中陈露宁这样说道："一个人为什么能够成功，肯定是他心里面十分渴望成功，他心里的积极暗示加上行动上的坚持，把一个人带向成功，她说我没有什么好的学习方法能够教给学弟学妹们，我想说的就是只要坚持做一件事就一定有收获，如果你是真的想学，就一定会是办法多于困难，大学生需要学会自主学习。"

羡子年少正得路，有如扶桑初日升！

陈露宁说：今年夏天我就要离开交大了，同时今年也是交大建校70周年，感谢交大在我本科四年里成就了我，我在此祝交大70周岁生日快乐！祝愿交大今后能够越办越好，有朝一日能够成为国内一流交通高校。

日就月将，学有缉熙于光明

郭东灵，土木工程学院茅以升道路工程 1701 班本科生，中共预备党员。在校期间平均绩点为 4.22，专业排名第 1，连续 3 年获国家奖学金，获 2019 年"茅以升铁道教育希望之星奖"和 2020 年"中国力学学会全国徐芝纶力学优秀学生奖"。在学科竞赛上，获得国家级奖励 5 项、省部级奖励 5 项、校级奖项 16 项。独立主持国家级大创项目 1 项，参研国家级大创项目 1 项，市级大创项目 1 项。发表学术论文 1 篇。曾代表学校参与全国茅以升班夏令营活动。目前，已经推免至复旦大学直接攻读博士学位。

不忘初心，奋勇向前

著名哲学家尼采曾说："每一个不曾起舞的日子，都是对生命的辜负。"初入大学，郭东灵同学便确立了自己的目标，因此，在大学生活里，他为达成目标，坚持不懈，努力奋斗。

初入大学，他明确了读研的决心。于是，为了让自己的大学生活更有节奏，他为自己从大一到大三确定了阶段性目标，分别是课程学习、学科竞赛以及学术训练。在大一时，郭东灵同学要求自己每学期平均绩点不低于 4.0。于是,他每天 7 点起床开始学习,直到凌晨 2 点才进入梦乡。经过一年的努力,他获得了属于他的第一个国家奖学金,没想到这一拿就是连续三年。在大二时,他开始尝试参加各级各类学科竞赛,开拓自己的视野。寒暑假的时间他也没有放过,提前学习相关软件,为竞赛做好充足的准备。在大三时,他开始接受学术训练,着迷于极小曲面力学性能的探索。经过一年的学术训练,他逐渐爱上了力学领域。最终,他决定选择力学方向作为读研的研究领域。为了加强英语学习,他尝试学习高难度的托福和 GRE,扩充词汇量,提高听说读写能力,最终通过了六级考试。这一段英语学习经历,使他在高校夏令营面试时面对英语考核游刃有余。就是这样的初心不改与坚持不懈,他才成为今日优秀的自己——推免攻读复旦大学博士研究生。

慢慢走会比较快

他也曾苦恼于自己目标太多导致做事十分匆忙的情况。在大二下学期,他为了尽快获奖,一时间报名参加了五个学科竞赛,可到头来都是竹篮打水一场空。就在那时,他的一位指导老师告诉他一个道理,那就是“慢慢走会比较快”。子曰:“无欲速,无见小利。欲速则不达,见小利则大事不成。”每件事情观察少,无经验,眼高手低,过于匆忙,最终只会导致完成的质量并不佳,自己也不能从中学到任何知识。如果,我们慢下脚步,将每一件事情有条理地分成若干个部分,每天做一点,不断迭代,不仅能够按时完成任务,还能够让我们慢下来看看沿途的风景。在迭代的过程中,还能够不断地优化,提高学习质量。

“慢慢地做事”也让他放下了许多源自学习上的压力。后来,郭东灵同学吸取教训,集中精力关注全国大学生先进成图大赛(A 类)这一项竞赛,终获一项国家级二等奖。而当今社会,由于生活节奏快,能在浮华背后不急不慢,拥有一份从容的心态,实在难能可贵。

突破自我，无限进步

"如果你不出去走走，你就会以为这就是世界。"曾经，郭东灵同学满足于他的成功，在学习上有些懈怠。不过好在他的老师教导他："一定要把眼光放远一些，要去外面的世界看看，一定不要局限于自己现在的成就，因为那些只是人生中非常细微的点缀而已。"因此，他意识到自己不能懈怠下去，重新自我总结，制订下一阶段的规划目标。

当他直博复旦后，他也深刻地意识到了自己与名校学生的差距。于是他开始突破自我，抓紧一切时间去缩小差距，把自己定位到和名校学生一同竞争，以更高的标准要求自我。

他非常喜欢《风犬少年的天空》中的台词："成功需要我们撞碎生活的巨浪以及无所畏惧的勇敢。"这句话时刻告诉他，一定要敢于克服困难，不断地突破自我，这样才能成功。

郭东灵说：成功需要我们撞碎生活的巨浪以及无所畏惧的勇敢。

躬行奋志，持恒抵达

　　李一帆，重庆交通大学机电与车辆工程学院电气工程及其自动化专业 2019 级本科生，2020 年度"明德奖学金"获得者。其在校担任电子创新协会创新部副部长，于 2019 年 6 月获重庆交通大学第五届电子制作大赛一等奖，2020 年 6 月被评为重庆交通大学"学习标兵"，并在 2020 年 10 月被评为重庆交通大学"三好学生"，同月还以 4.18 的高绩点获得 2019 至 2020 学年国家奖学金。

目标明确，不骄不躁

　　在问到李一帆同学初入大学时是否就以获得"明德奖学金"为目标时，他答道："刚进大学的时候，看到有'明德奖学金'这个奖项，但没有想到过自己能够获得，一开始我设定的目标就是保研。"他以保研作为自己现阶段的目标，坚定且努力。

　　面对获得"明德奖学金"的荣誉，"没有什么心态的变化，自己还是和平常一样。"李一帆并没有就此自满,伐功矜能,而是让这份荣誉成为一个对自己努力的极大肯定,同样也使自己向着目标前进的脚步更加坚实。

诚然,在这样的荣誉面前仍能镇定自若,虚怀若谷,是因为他具有谦逊的美好品德。但更重要的是,他有自己为之不懈前行的目标,目标使他望着前方,而不是脚下;使他前进,而不是停滞;使他不断充实自我,而不是骄傲自得。

"志之所趋,无远弗届,穷山距海,不能限也。志之所向,无坚不入,锐兵精甲,不能御也。"目标是人的思想和行为的定向器,一旦确定就可以使人方向明确、精神振奋,即使前进的道路曲折,人生的境遇复杂,也能使人看到未来的希望和曙光,永不迷失方向。

方法为主,坚持为辅

当谈到学习时,李一帆强调,方法很重要。"课下去网上继续学习,利用思维导图对知识点进行记忆,定期复习错题。"他努力践行着自己摸索出来的学习方法,不断沉淀自己。方法与行动自然结合,每天不留遗憾,不留问题,第二天才能在脑中装点更繁华的世界。

方法固然重要,在时间猛烈的冲刷下,在生活的各种诱惑中,唯有坚持,才能敌过时间的考验,拒绝各种诱惑,稳住脚步,奔向自己的目标。也唯有坚持,是对自己最大的磨砺,剑经磨而锋利,梅花历寒而香气弥漫,他也终将因坚持而成就自己。

"历尽天华成此景,人间万事出艰辛。"双手是实现目标的"显示屏",任何事情的成就都不会是"空手套白狼"。知行合一,实干进取,成功不是偶然,奋斗得以前进。

"如果坚持不下去了就想一下自己最初的目的,如果自己还想实现这个目的,那么就继续坚持下去。"他对自己的目标步步落实,持之以恒,用勤劳的双手成就属于自己的人生精彩。他深知,任何目标理想都不可能唾手可得,所有优秀光芒的背后都有一段沉默努力的时光。

勿忘在莒，走自己的路

"对于大学生活，每个人都有自己的理解，只要在大学毕业后自己对大学四年不后悔就行了，不用管其他人做了什么，只要保持自己的节奏就好。"李一帆对学弟学妹们大学生活的建议，一语道破了自己的人生观。一个人就要学会走好自己的路，不纠结于外界的评论，不必为了讨好这个世界而扭曲自己。

找到自己，认识自己，掌控自己，才不会人云亦云，随波逐流。在面对怀疑、诱惑、困难时，他都倾听自己的心声。他明白，忘记初心，就等同于背叛自己，导致无法定位自己，也就无法走长远的路。优秀的人在行进途中不会错过路边的风景，能够记住风景却不被它迷惑，就在于那颗包裹着最初理想的心，一直前进，绝不停留。

李一帆说：一个人就要学会走好自己的路，不纠结于外界的评论，不必为了讨好这个世界而扭曲自己。

成长路上，选择认真和坚守

　　利威，重庆交通大学航空学院飞行器制造工程专业 2018 级学生。在校期间平均绩点 4.19，连续两年学业成绩排名和综合素质排名均为专业第一，"高等数学""概率论与数理统计"等多门必修课程取得 100 分，36 门必修课程中 26 门获 90 分以上，并于大三学年获得全国大学生数学建模竞赛重庆市一等奖，具备良好的数学建模能力。科研创新能力突出，主持多项创新项目，公开发表学术论文一篇，发明专利多件，并因为突出的创新能力被评为科技创新先进个人。在工作方面，利威积极参与学院活动，为老师和同学们服务，具有较强的工作能力，获得"三好学生""优秀个人""学习标兵"等 5 项荣誉称号。

心有所信,方能行远

利威同学认为:一切都源自内心"要做点什么"的信念,生命的可贵经不起浪费这一考验。与此同时,离开舒适的环境,才能培养出坚强的性格。

每个人或许都想朝着自己的目标前进,但往往会因各种原因而感到迷茫和沮丧,利威同学也不例外。他说,把所有遇到的困难和不幸都看成成长路上的常态,任何时候都要打起精神来,给自己鼓劲,哪怕做得慢一点,那也是在慢慢成功和变好。没有人天生会做什么,不用羡慕别人,脚踏实地做好自己的事情。

对于经历创新项目的训练和比赛,他谈到:大学里的科研活动和比赛,是培养自我探索精神和解决实际问题能力的必要方式。通过每一次的实际训练,自己总能收获一些知识和经验,当下次再遇到同样问题时,也不再忙手忙脚而不知所措。科学使人严谨,当历经各种项目的磨炼之后,我们遇到问题时会更加沉着与冷静。

热爱生活,拥抱未来

针对自己大学内的生活,利威同学借用古罗马哲学家爱比克泰德的话来概括:"我们登上并非我们所选择的舞台,演出并非我们所选择的剧本"。他认为:"我们很多时候都无法按照我们理想的方式去生活,对于理想,我把它作为我前行的动力,也因此我愿意为之付出。"

在大学里,他笑对挑战,让苦难变成属于他的荣耀。他说:"大学时光,弹指一挥间。从大一刚踏进交大校园,我就对大学满怀憧憬和期待,虽然遇到不少挫折,但直到今天,我依然因进入交大而感到幸运。这里有我为梦想埋下的种子和我奋斗过的身影,我的航空梦从这里萌芽。此刻,我深刻意识到,努力奔跑才是生命该有的样子。曾经以为的遥不可及,只是因为我不够努力。"

心里有火，眼里有光

成为自己眼中的自己，不因外物而左右。"终身成长"是利威同学心中的军旗，在他看来，我们处在知识不断更迭的时代里，保持自我的成长性是十分重要的。他主动尝试新的事物，喜欢做着不一样的事情去不断发现自我和突破自我。他说："我的蜕变离不开老师们的指引和同学们的影响，对于他们每一个人，我都怀有敬意。"总之，他的成长离不开持之以恒的精神和坚定的态度。

机会之种，予以行者

机会宠爱有心人。利威同学坚信，越是认真对待，结果越美好。"我们是没办法欺骗自己的，任何事与愿违的结果都应问问自己，是否为之努力过。"他这样说。

没有谁的胜利是一帆风顺的，唯有热爱和坚守，是成功的根本。对于自身的认识，他觉得离自己的标准还有很大差距，他说："坚毅、善良、勇敢、进取……是我一生的功课。"

大学是一个让人成长进步的地方，为自己敲响警钟，播下梦想的种子，找准时机，因为机会都是留给有准备的人的。

利威说：一切都源自内心"要做点什么"的信念，生命的可贵经不起浪费这一考验。与此同时，离开舒适的环境，才能培养出坚强的性格。

"跑过"四年，他的踏实与坚定值得学习

九月，他怀揣懵懂与憧憬，从李子湖畔开启漫漫"长跑"。六月，他满怀收获与不舍，在轻轨站前挥手告别。六月阳光灿烂，少年更加炙热。这个夏天，留住他在交大的"长跑"故事。

他是信息管理与信息系统专业 2017 级学生、班级团支书、中共党员王浩源；他是平均学分绩点 4.15，学习成绩和综测评比均专业第一、保研北京师范大学的优秀学生；他是一项实用型专利和一项软件著作权的拥有者；他是国家奖学金、重庆市创新能力提升先进个人、电子商务三创赛重庆市一等奖、全国大学生数学建模竞赛重庆市一等奖、美国大学生数学建模竞赛特等奖提名获得者……

看到长跑的意义

王浩源很喜欢村上春树的《当我谈跑步时，我谈些什么》。此书

作者认为,写作和长跑互喻互鉴,都需专注、忍耐、心无杂念,他认为学业与长跑也如此,看似风马牛不相及,其实有很多相通之处。

他谈及自己的保研经历和许多获奖经历时说,其实这些成绩的取得绝不是一蹴而就的,而是得益于长期的坚持和积累。"像'重庆市创新能力提升先进个人'获奖一样,其实很多奖项和荣誉的获得并不是我当时能直接取得的,而是在我长期不懈怠、努力的基础上,我发现我能达到获奖的很多要求,这也像长跑,跑到终点前需要的就是长期的坚持和努力。"比如保研:从保研的想法产生,他与老师交流获得指引,他听优秀学长学姐介绍相关经验,他给自己制订长期计划,开启长跑模式。四年来,每一学期的绩点及综测、每一项的奖项和荣誉是他路上的铺垫与闪光。又如竞赛:美赛取得极佳成绩不仅是靠比赛期间的努力,而是通过长时间的比赛培训、相关数学和计算机知识的学习和共赛同学间的合作达到的,这也是长期坚持的过程。

长跑者,目光长远且坚定,不觉终点遥不可及,但嗅征程一路芬芳。

学习成绩很重要,全面发展不能少

我们虽不必如中学时代那样埋头书本,缺少时间进行实践和兴趣拓展,但依旧要把学习放在第一位,刻苦认真,而后培养良好的兴趣爱好。作为四年都名列前茅的优秀学生,他上课非常认真地听讲和做笔记,每隔一段时间就整理归纳近期所学,既是巩固也是缓解期末复习压力,不靠期末前"突袭",期末考试前留足时间认真、全面复习。

学习之外,他担任班级干部,这些工作是一种锻炼,让他有强烈的责任意识,积累了许多经验,也留下了很多美好回忆。他喜欢看看书、跑跑步放松自己,有时忙完也会点上美味的外卖、放上喜欢的电影犒劳自己。"希望学弟学妹们能珍惜时间好好学习,并且培养良好兴趣、多走多看",回望四年,他所遗憾之事便是很少走出校园。

总有些优秀的习惯成就优秀的自己

一边保持优异的学习成绩，一边参加各种竞赛获奖无数，一边担任班干部认真工作，一件事接着一件似乎没有停下，但他的时间安排井井有条，丝毫不乱。

对此，他和我们分享他的一些方法：第一是要清楚知道自己要做什么，给事情分出轻重缓急，制订出简单的时间安排。其次是做事专注、绝不拖沓，不要贪玩或者怕难就推到以后做，而是要积极地去解决问题、完成任务，要知道"明日复明日，明日何其多"！他会在不忙的时候提前做一些之后会完成但目前不需要做的事，为之后的时间安排缓解压力。几乎四年时间他都不停穿梭在学习与竞赛中，忙碌成为他的习惯，但他勤奋踏实、规划清晰、精力充沛、长期坚持。

他喜欢安静，有些许内向，能带给周围的人舒服的感觉。他担任班干部时与同学们相处融洽。美赛准备期间遇上新冠疫情，小组成员只能各自在家准备，不能返校，只能线上讨论，造成很多不便，有时传递不了想法，会遗漏问题、造成误解，增加了很多压力和焦虑，不过，他们依旧相处得很默契融洽，最后取得了满意的成绩。

王浩源说：希望学弟学妹勤奋，勇敢，热诚，谦逊，在不断尝试的过程中拓宽自己的视野，在不断学习的过程中找到自己的道路。

纸上得来终觉浅，绝知此事要躬行

　　又一学年结束，也是机电与车辆工程学院的硕士研究生许辉三年时光的结束，他在校期间获得了重庆交通大学硕士研究生学业奖学金、研究生国家奖学金、校级"三好学生"和市级"优秀毕业生"。

　　研究生就读期间，许辉参与了国家自然科学基金以及两项研究生科研创新项目，在1区TOP期刊发表了两篇SCI，目前已被浙江大学拟录取。

　　那么，让我们一起来了解一下这位优秀的交大学子吧。

初入交大，伴随着目标建立

　　许辉第一次踏入重庆交通大学的大门，见了他的导师——邓涛教授，导师给了他一个跟他本科专业很符合的课题，当时的许辉心里既欣喜又害怕，因可以在自己本科的专业基础上展开学习而欣喜；又因可能会遇见很多难以解决的困难而担忧。也是这个时候，他定下了自己最低的目标：EI和SCI，并且一直向这个目标前进，并简单规划了三年的计划。

研一阶段计划:首要任务是完成课程学习;与此同时,研一上学期利用课后时间阅读研究方向的大量文献(EI 和 SCI 为主),做好文献汇总,分析各学者研究成果的优点和缺点。研一下学期通过改进其他学者的方法或者提出自己的方法产生创新点。

研二阶段计划:对产生的创新点通过仿真与实验进行验证,分析结果的优异,并完成小论文的书写与投稿,同时构思大论文主要内容的安排。

研三阶段计划:罗列大论文框架,以小论文为基础完成大论文的撰写。

许辉的学习时间很灵活,没有特别区分平时和周末。通常早上七点二十起床,八点开始在实验室学习,晚上一般十点三十左右回宿舍。也是这样的每天努力,许辉在这三年间成功在 1 区 TOP 发表了两篇 SCI,并在不断争取中被浙江大学拟录取。但这期间也不是一直一帆风顺的,当被问到三年遇到的瓶颈期和印象最深刻的事时,许辉都提到了同一件事。

充满耐心,对每一个数字都特别对待

许辉的第一篇论文,其灵感诞生于一瞬间,在导师和师兄的指导下,经过实验验证,许辉发现他们提出的方法在许多方面要优于其他方法,于是他满怀激动地写完小论文并完成了投稿,以为一定能打动审稿人的芳心。

可时隔两月,当收到编辑部的大修意见时,审稿人罗列的大大小小几十条意见给了许辉当头一棒。虽然提出了如此多的意见,但主审稿人肯定了他的创新点,不过希望他能够补充实验以进一步证明论文观点的合理性。于是,许辉快马加鞭做好实验,仔细地修改了小论文,并回复了专家的每一条意见,心里默默祈祷能早日录用,可他没想到这一次等来的是一封拒稿通知。审稿人在审核时发现上次做

的那组补充实验有三组图的数据相同,这意味着许辉提出的方法的有效性严重不足。

收到的拒稿邮件让许辉不得不接受现实,导师也劝他不要伤心,让他退而求其次,改投一个要求较低的期刊,但看着自己经过几个月汗水才换来的小论文,许辉心里久久不能平息。第二天,他逐渐冷静下来,分析了当时做的补充实验,依稀记得自己特意留意了实验结果,并没有哪一组数据有问题。想到此,他振作精神再一次复现了实验,仔细检查了专家提出的三组图,发现其实并不相同。这样一来,到底哪一个环节出了问题呢,后来经过对实验数据和返稿邮件中的数据一一检查,许辉发现自己在整理数据的时候将三组图的数据写重复了,事实上他的方法没有问题。发现原因的时候他兴奋地跟导师说想要重投,导师也十分支持并帮助许辉写了重投说明,经过两个月漫长的等待,这一次他终于等来了期待已久的用稿通知。

这次经历让许辉明白了遇到挫折应怎样度过:"首先是调整心态,让自己不要处于焦虑中,跟家人和朋友沟通;然后跟老师和师兄探讨,寻求帮助,找到出现问题的原因和解决问题的方法。"这件事也令他深刻认识到凡事都要细心和有耐心,尤其在处理数据时,每一个数字都需要特别对待。

全力以赴,以不留遗憾

许辉一直以胡适所说的"科学精神在于寻求事实,寻求真理"作为自己的座右铭,坚持把任何事情都做到完美,将任何方面都琢磨清晰。在学习之余,许辉会在寝室利用空余时间练习吉他,在操场跑步、打乒乓、打羽毛球,偶尔也会和朋友一起去吃饭、看电影。当问到他对这三年的满意程度时,他打了80分,他说原因有两点:第一,三年里没能好好坚持锻炼身体;第二,有些学习上和生活上的事还是没有做到及时完成,存在拖延情况。今后,他将全力以赴,以求不留遗憾。

　　自信加努力是许辉硕士三年的真实写照,他的事例激励着我们,让我们知道如何让自己的学习生涯更加充实、更加具有意义;也让我们明白,每个人在大学生活中都会有迷茫的时候,但是我们的梦想是照亮我们前行的一盏明灯,而我们的成长则是打开成功之门的一把钥匙。只要有了目标,就要全力以赴,我们坚信付出了就一定有收获! 我们期待着与许辉的再次相遇,期待他下次的不留遗憾。

　　许辉说:如果学弟学妹想要继续读博,那么就在读研期间多发表高水平论文,同时最好每天适当练习英语,六级成绩尽量达到480分;而关于选择学校和选择导师,则是越早越好。如果学弟学妹准备参加工作,那么就尽量多参与导师的各种项目,在项目中多锻炼自己。

明志韶华不负，拼搏青春无悔

　　许泽琦，重庆交通大学交通运输学院交通设备与控制工程专业2019级学生。他在学习方面认真刻苦，对自己要求严格。他乐于学习和吸取知识，不断地提升和丰富自己，平均学分绩点4.26，位列专业第一，学年的20门课程中，14门获得优，并一次性通过了英语四级考试和全国计算机等级二级考试，获得了"学习标兵"和"三好学生"等荣誉。目前，他已被学校推荐获得国家奖学金和新国线奖学金。该生综合能力突出，在保证学业的情况下多方面发展，他投身于学生工作，任职班长，热心服务同学；积极参与文体活动，担任院大学生艺术团声乐部部长，组织演出；主动参与志愿者活动，奉献爱心。

思想决定行动

　　如果要选出对于我们学生最重要的一件事，我想就是思想，就是对自己清晰的认知。这个年纪的我们都免不了有或多或少的迷茫，但还是要花时间去认清周围的环境和前方的道路。当你知道自己想成为什么样的人,那行动就会贴近这条路而前进。

在大一我也有一段时间的迷茫。面对着大学各式各样的选择,一切看上去都是那么有吸引力。但一定要做合理的规划,既要丰富自己的生活,也要提升自己的能力,增进知识。社团和组织不在于数量,要给自己留好整理放松的时间。

积极向上的生活态度

对于知识的渴望和完成目标的热情可能会让人短时间振奋,而想长期地坚持养成习惯,更加需要一颗大心脏,积极乐观地面对遇到的困难。不急于看到收获,不困于面对挫折,不去过分在意生活中的鸡毛蒜皮,每天都过得充实快乐。

我常常会去寻找身边的小美好,给自己的心灵来一次短暂的旅程。天空中好看的云朵,李子湖上潜水的小鹅,都是值得我驻足停留的风光。和许久未见的老师打声招呼,看到陌生人不知为何而洋溢的笑脸,都是值得我会心一笑的景色。正是这种积极乐观给了我源源不断的前行动力。

忙碌而不忙乱

我不仅在班级中是班长,还担任了交通运输学院大学生艺术团的声乐部部长。学业、个人事务、班级事务和艺术团活动,构成了我忙碌的每一天。我会列好清单,把每一项任务的要求和时间记下,这样就能够不遗漏,并且对时间先后也可以一目了然。虽然有一点劳累,但我仍乐在其中,为班级服务做出自己的贡献使我感到很快乐,而声乐也是我所爱好的。我的目标是努力把我所在的集体变得团结友好,拥有凝聚力,因为能够给予他人影响和改变是最有成就感的事情了。

回头看看，走得更快

谈到我算不上方法的学习方法，就是多回顾整理。几乎每一天我都会整理新学的知识到笔记本上，不仅是对知识的记忆和查漏补缺，更是能给人豁然开朗的感觉。而随着知识学习的深入，每次回顾我都会有新的收获。我想人生也是如此，多站在时间维度上回头看，看看和之前的自己相比又有了哪些新的进步，过去的错误有没有再犯。每次总结都是一次提升。

许泽琦说：多站在时间维度上回头看，看看和之前的自己相比又有了哪些新的进步，过去的错误有没有再犯。

脚踏大地，然后仰望星空

　　四年追梦，星光不负赶路人。李子湖畔，嘉陵江旁，她悄悄地和生活了四年的交大挥挥手，踏上了一段全新的征程。

　　张悦，四年综合绩点排名外国语学院前列，在全国大学生英语演讲比赛和全国大学生口译比赛等赛事中取得国家级奖项并刷新学校参赛以来的最好成绩，成功保研至北京外国语大学。"宝剑锋从磨砺出，梅花香自苦寒来"正是对她这四年来拼搏、努力，并不断实现自我提升的最完美阐释。

四年征途，奋斗与淡然并存

　　大学四年时光，张悦一直都走在奋斗的路途上，专业成绩优异，各大竞赛中也有她的身影。谈及自己的比赛经历时，除了必备的硬实力外，张悦直言良好的心态亦必不可少。"平时我会一直努力，并做一定的赛前准备,但我不会刻意想着一定要去拿奖,保持平常心,把每一次比赛当作对自己的一次历练就好。"她如是说道。

对自己的学业规划,张悦坚持一步一个脚印,脚踏实地;从自己能完成的小目标做起,不好高骛远,逐渐挖掘自己的兴趣,为后来的深造奠定基础。

对于保研中受到的一些院校规则限制,她采取了海投的方式:尽量多投简历,选择限制较小的院校,同时锻炼口语做好充足的面试准备。这些都为她最终"守得云开见月明"打下了深厚的基础。

前路暗暗,愿后来者脚下有光

大部分人觉得枯燥乏味的毕业答辩,张悦却找到了自己的兴趣点并乐在其中。答辩前,她先是抓住机会跟李翠英老师学习了语言学的基础知识,然后结合兴趣与时事确定研究方向,再加上长期的阅读和积累,虽然艰辛的历程必不可少,但让大多数学生头疼的毕业论文她却一气呵成地完成,质量与分量兼具。同时,在答辩过程中,张悦与老师交流十分坦诚,对理解充分的问题详尽地作答,当老师问到她不能回答的问题时,她开诚布公地承认并与老师商讨在线下修改,最终取得了不错的答辩分数。

心情沉闷时,张悦常常采用"美食疗法"。"和喜欢的人一起去吃吃喝喝,心情自然而然就好了起来。"她这样说道。同时,她也培养了许多兴趣爱好,比如学习小语种和各种方言、看电影等。"这些兴趣爱好不仅缓解了我生活和学习中的压力,也扩宽了视野,丰富了我的精神世界。"她坦率地说。

谈及自己未来的打算,张悦准备为继续深造博士做好准备;同时她也将在研究生阶段做好相关实习,尽可能地抓住身边好的工作机会,在恰当的时候做出自己的一番事业。

长风破浪会有时,直挂云帆济沧海

即将毕业的张悦,也对学弟学妹们提出了真诚的建议:有选择地、有所取舍地参加社团活动，不要因社团活动分散太多精力；同时，在上课时要把握老师的教学进度，增进对老师的了解，学习课上内容后，要利用好课下自主学习的机会，以扩充知识面和增加专业实力。最后她也寄予学弟学妹们以深切的希望——要明白自己未来的方向，无论是考研或保研继续深造还是参加工作，都要尽早决定，切忌两手抓造成两头皆空的局面。

在学校建校七十周年之际，她也送上了自己对学校的真切祝福：希望交大能有"直挂云帆济沧海"的气势，越办越好，同时，她也对外国语学院发出了殷切的祝愿，希望外院在课程设置、教学资源和办学成果等方面取得更大的进步，迎来更好的未来，培养出更加优秀的同学们。

张悦说：苦心人，终不负，希望在未来的征途中也能披荆斩棘，破浪前行，成就那个更好的自己。

乐学善思，自强不息

　　周海怡，重庆交通大学河海学院港口航道与海岸工程专业（卓越工程师班）学生，理想信念坚定，道德品行端正，学习成绩优异，创新能力突出，工作认真负责，是一名综合素质涵养高、德智体全面发展的大学生，获评"全国水利院校十佳未来水利之星""中国大学生自强之星"，现已推免至浙江大学攻读硕士研究生。在校期间获得奖励及荣誉共58项，其中国家级10项，省部级16项，校级32项。参加学科竞赛，涵盖数理学科、工程设计、创新创业、体育竞技等，获国家级奖项6项、省部级奖项13项；获奖学金4项，其中国家级2项；获荣誉称号22项，其中国家级2项，省部级3项。主持科研创新，主持创新训练项目1项，主持校创业基金1项；以第1作者发表论文3篇；以第1发明人申报实用新型专利1项、软件著作权1项。担任干部工作，任校志愿者协会分会长、院团总支学生会干部、院女篮队长等职。投身实践公益，参与"三下乡"社会实践并获先进个人称号；参与志愿服务近100次，累计认证志愿时长达340小时，屡获各级优秀志愿者称号。

如何搜集竞赛信息

我们学校提供的竞赛机会是很多的,关于竞赛信息的获取,我个人的经验是首先要对教务处颁布的本科生学科竞赛分类表很熟悉,根据表中的竞赛信息去查询自己感兴趣的竞赛的开展时间和获奖作品。其次就是关注学校官网、教务系统主页和学院官网,几乎所有参赛信息都会在网页上发布。还有就是关注辅导员老师们发布的参赛信息,因为老师们都是很有经验的,他们知道哪些竞赛最适合我们,我们学院罗德成老师专门建了一个学科竞赛交流群,我们可以在里面找到适合自己的竞赛和志同道合的伙伴。最后就是要多结交各个学院的朋友,这样有更多的机会跨学院参赛,拓宽自己的知识结构,还能认识许多厉害又有趣的人。

如何调整自己的参赛心态

就我自己而言,参赛是一分运气加持,两分兴趣使然,三分平常心态,四分坚持不懈。一是我认为做任何事都是有运气成分的,也可以理解为机会,抓住机会的前提是你已经具备了所需的能力。二是大学期间我参加的竞赛包括基础学科、工程设计、创新创业、体育竞技,所有的出发点都是我自己的兴趣爱好,我喜欢涉猎不同学科来拓展自己的知识面,喜欢团队竞赛中大家一起努力做模型、讨论疑难点、熬夜奋战的气氛,喜欢培养自己的商业思维,喜欢运动。第三点和第四点是相辅相成的,有了平常心才能沉着坦然地面对困难,坚持下去。失败很正常,因为大家都很努力,都是为了同一块奖牌使尽浑身解数。最重要的不是获奖,而是参赛过程中自己能力的提升,第一次失败了就总结经验,第二次再参加。

如何看待大学成长路上的孤单和迷茫

首先,我很强烈的感受就是专心致志做一件事情的时候是不会觉得孤单的。我相信大家都会有这样的感受，当你完全投入到某件事的时候，有一种叫"心流"的状态。当然我们也要承认，在信息爆炸的时代，对于现代人来说，孤单是蔓延全球的病症。所以我觉得活在当下，过好每一天的生活，以一周、一个月为单位设立小目标，以一学年为单位去反思总结自己的大学之路。人生的不同阶段都会有迷茫。查尔莫斯说"我们始于迷茫，终于更高等级的迷茫"。勇敢地面对真实的自己，面对想要争取的东西就大胆地去做，想得太多却不行动没有任何意义，当然，更不要被他人的评价限制住，不给自己贴标签，人生不设限。

周海怡说：四年后你将褪去青涩，成为更好的自己，但在这条路上你必须坚持自己、激励自己、欣赏自己，再勇敢一点。

一号门是南岸校区当今的主校门，它连接学府大道与明德广场，是学校的交通枢纽，白墙黄砖，虚实相交，冷暖交融。

机会永远留给准备好的人!

她学习刻苦,成绩优异。

自入校以来一直专业第一,连续 3 年获得国家奖学金;

获得"全国水利院校十佳未来之星——学业之星提名"(全国仅 3 人);

她"文武双全",不骄不躁;

获得美国大学生数模竞赛 MCM/ICM H 奖;

获得全国大学生英语竞赛一等奖;

获得"深圳杯"数学建模挑战赛优秀论文提名奖;

……

这位成绩优异,"文武双全"的女生,就是来自 2017 级水利水电工程专业(卓越工程师班)的周雨。

进校以来,周雨目标明确,别人还没起床的时候,她已经拿着书本,抄上单词,进入了学习的海洋……她说过"学习是给自己更多选择的权利。我觉得学习能让自己的生活变得更充实更有方向感"。

因此学习在周雨眼中不是一件令人痛苦的事情,而是一种纯粹的快乐。大一学年通过计算机二级(C 语言与程序设计),会调用 Matlab、C++、R 代码,熟练运用 Premiere、AE、Photoshop 等处理软件;LaTex、Word 等写作软件;AutoCAD 等画图软件。大学期间她以 626 分、578 分的成绩通过 CET4、CET6,并且成功保研至浙江大学。

敢于尝试,不惧失败

在学习之余,周雨不是在参加竞赛,就是在准备竞赛的路上。面对各种挑战她不惧困难,敢于尝试。在 2019 年"深圳杯"数学建模挑战赛中,周雨所带团队作为重庆市唯一的 B 题组通过初赛成功入围"深圳杯"决赛(全国本科、研究生共 14 支队伍入选 B 题决赛),经过长达四个月的建模实践探索,终获数学建模挑战赛优秀论文提名奖。如果问参加竞赛让周雨收获了什么,她表示:"一起努力的队友是最珍贵的,最大的收获其实不是获得好名次,而是和队友们一起努力的过程"。同年她还获得美国大学生数学建模竞赛(MCM/ICM)Honorable Mention 奖;全国大学生英语竞赛一等奖;全国水利院校十佳未来之星——学业之星提名(全国仅 3 人)。

真正的自由是在任何时候都能控制自己

在周雨的字典里没有"拖延"二字,今日事今日毕,高强度高效率的学习离不开对时间的合理安排。对于她来说,如果今日该完成的事情没有做完,堆积到第二天,则会把第二天的计划打乱,长此以往,形成一种恶性循环。

成功的人都是自律的,大学后期,忙于各种竞赛的她在学习上并没有落下,一直保持着专业第一的成绩,因此她做任何事之前都做好计划,并且每天都坚持运动,保证睡眠,让自己有个更清醒的大脑。

迷茫时也要保持对目标的清醒

《师说》有云："人非生而知之者,孰能无惑?"任何人都有迷惑无助的时候,周雨表示迷茫是非常正常的心态。大家几乎都会经历,面对迷茫,要深究迷茫的原因并找到合适的解决方案。她认为无论是在学习上还是生活中都应该保持着一颗清醒的头脑,用日记记录自己的学习生活,再从中找到错误保证错误不再犯。迷茫只是暂时的,最怕的是逃避自己的困惑,逃避解决不了问题,只会让问题被放大。

享受生活,不急不躁

在周雨高强度、高效率的学习和竞赛之外,她喜欢剪视频,做公众号,弹吉他唱歌,更享受美食刺激味蕾时的满足感。学习的目的不就是为了给自己更多的选择,更好地在未来去享受生活吗? 在正确的时间做正确的事情,往往会达到意想不到的效果,因此应将学习和生活划分开来,学习的时候不要想着玩乐,玩乐的时候就尽情放松。

周雨说:人生前期越嫌麻烦,越懒得学,后来就越可能错过让你动心的人和事,错过新风景。

大爱无言　青春无悔

　　偏僻的地理位置,贫瘠的土地,落后的交通设施,极度匮乏的物资……在遥远的大山深处,有一双双渴求知识的眼睛在期盼,也有一颗颗鲜活跳动的心脏在传送温暖。黑暗之处必有手持火炬之人。

　　山区支教,修建"无止桥",艰苦恶劣的环境和不便利的交通也无法阻隔奉献的热情。"虚怀千秋过,笑傲严冬霜",善良朴实的村民感谢的笑容,天真的孩子们纯真的眼神,消退了所有的辛苦和疲惫。旧黑板上残留的粉笔灰记录下无悔的青春,羊肠小道埋葬的脚印烙印着不朽的徽章,每位志愿者身上都闪耀着明亮而不刺眼的光芒。

　　青春岁月里体味一翻酸甜苦辣的滋味,融入一曲奉献之歌。温存了宝贵的情,也温暖了感恩的心。潺潺流动的清泉,浸润着质朴的灵魂;夜幕闪耀的星光,照亮着真诚的心。黑黑的天空低垂,飞舞的萤火虫点亮希望之光。用一片苦心酿一滴蜂蜜,这群可爱的人,唱着最动人心弦的歌,让山岭上开满了鲜艳的映山红。

回忆无止，青春无限

　　2009 年 11 月，云南丽江的一个偏僻小山村——宝山村来了一群陌生的年轻人。他们对村民们说，他们是来免费帮助村里建桥的。建桥？不要钱？村民们很好奇，也不太相信。后来村民们才知道，这群年轻人来自重庆交通大学，他们是一个团队，名字叫"无止桥"。

与"无止桥"结缘

　　2009 年，土木工程学院酝酿成立"无止桥"团队，正在招兵买马。8 位研究生从五六十名竞选者中脱颖而出，成为重庆交通大学"无止桥"团队的核心成员。凭借在茅以升桥梁年会志愿者团队中的突出表现,邵长专全票当选为"无止桥"团队的队长。

11月,他们接到去丽江修桥的任务。

邵长专说:"因为没有桥,村里的孩子上学总是需要绕很远的路;因为没有桥,夏天孩子们得蹚着湍急的河水上学,冬天得蹚着冰冷刺骨的河水上学。我也是农村的孩子,我知道他们有多么想上学。"提起丽江宝山村,很多事情都历历在目。"一定要为他们建一座桥。"这个信念在他们心里越发坚定了。

在建桥的过程中,大家一起做事、一起讨论。"我们就像是一个创业团队,既锻炼自己,又服务他人,这是一段很美好的回忆。"杨俊斯说。

经受了一次次的考验

最初,尚不成形的"无止桥"团队并没有得到香港慈善基金会的信任。为了圆山区孩子们的梦想,为了继续这份公益事业,邵长专多次前往宝山村。每次从丽江回来,他的背包总是被石头和木材样本塞得满满的,最重的一次有100多斤。设计施工图的要求很高,每一个细节都要尽量考虑到。他们一次次向老师请教,最终,他们的设计图纸通过了全球知名的工程顾问公司——英国奥雅纳(ARUP)工程咨询有限公司的认可,对方说:"你们做得很专业,而且非常用心,不愧是中国优秀的专业学生。"

做"无止桥"的公益事业,仅有技术是远远不够的,香港慈善基金会还需要考验团员成员之间的配合度、团队的沟通能力等。邵长专讲了一个小故事。一天他们正在工地上忙着,一个同学突然摔了一跤,骨折了。经过短暂的慌乱,大家镇定下来。团队有专门负责安全的队员,出现突发事件,一切按预案执行。大家找来早已准备好的竹竿,再脱下身上的T恤套在两根竹竿上,一个简易的担架很快就做好了,拨打了当地最近医院的电话,这位同学却不好意思地说:"我没有骨折。"原来,这是香港慈善基金会设计的一场考验。就这样,邵长专率领着他的交大"无止桥"团队,经历了一次次考验,真正成为"无止桥"建设大军中的一员。

贫困山区的老百姓是我们建公益桥的最大动力

"山水不掩清泉水,大爱回蜒无止桥",宝山村的"无止桥"取名"大梦无止桥"。2010 年 6 月,宝山村的"大梦无止桥"竣工。当地老百姓为了感谢他们,把过年才舍得杀的肥猪送给了"无止桥"团队。队员们很感慨:在穷山沟里修桥,肯定要吃很多苦,但山区老百姓的淳朴善良,特别是他们对桥的热切期盼,是我们建桥的最大动力。

"当时,我住在离工地不远的民房里,经常会有人将各种吃的放在房间里,一把蔬菜、一小碗自家孩子都舍不得吃的炒鸡蛋、一捧山里的酸苹果等。特别是那些小学生,上学路过在建桥址时还会顺便捡些石块,帮我们填基坑。放学了,他们先不回家,呆呆地守在工地上,看我们干活。"说起当时修桥的情景,邵长专记忆犹新。

负责人事的黄操说:"进入这个团队,首先要有的不是能力,而是一颗感恩的心。在这个急功近利的社会,去有需要的地方帮助有需要的人,会有新的感悟。"

此后,重庆交通大学"无止桥"团队的脚步越走越远,四川、贵州、云南等地的贫困山区都留下了他们深深的脚印。

小桥大爱

如今,第一批志愿者已经走上了各自的工作岗位,但他们还时常关注着"无止桥"团队的发展情况。当时负责财务和后勤工作的谌薇薇现在是重庆交通大学的一名教师,她还在为"无止桥"付出着。她说:"以前在团队,有时候工作忙,开会都得开到凌晨两三点,但是不会觉得太辛苦,因为我们乐在其中,这是享受。"现在团队有什么事情,同学们还会请教谌薇薇,她说:"在我们大多数人心里,'无止桥'

就像我们的孩子,我们一直关注着她。"

据统计,重庆交通大学"无止桥"团队已经在吉林、贵州、云南、陕西、甘肃和四川的偏远山区参与建设了近40座"无止桥"。"无止桥"不仅惠及当地百姓,也是对志愿者设计和组织能力的考验和肯定。"无止桥"项目的成功赢得了国内外广泛的赞誉,项目曾先后多次获奖。如今的重庆交通大学"无止桥"团队,已经从当初的8人发展到了近30人。

"无止桥"团队说:希望能在山区架设竹桥、索桥,为他们架起更多通往知识的希望之桥、走向美好未来的幸福之桥。

家国情怀我坚守，携笔从戎我担当

　　汪岚娟，女，2019 年考入重庆交通大学，就读于经济与管理学院物流管理专业，同年 9 月保留学籍应征入伍，服役于新疆某部队。服役期间荣获标兵等荣誉。2021 年 9 月退役复学，复学后担任班级团支书，并成为学生科技协会干事，期间获得校团委直属部门优秀干事称号。

　　2019 年 9 月，刚刚参加完高考的你们，应该正兴奋地拿着录取通知书，怀着喜悦与对大学的憧憬，来到充满未来的校园开启崭新的学习生活。我拿到的是入伍通知书，穿上的是梦寐以求的军装，背上沉重的行囊，告别父母、老师和亲朋好友，远离熟悉的家乡，踏上了开往军营的火车。

中华儿女多奇志

读书是为了什么？这或许是一个没有标准答案的问题，而我的答案是为了做自己想做的事——参军入伍,保家卫国。

我从小不爱运动,入伍时体能训练老是跟不上。班长语重心长地告诉我们:"只有加强自己的个人军事素质,你才能成为一名合格的军人,你才能保护自己,才能保护亲人还有身后的国家"。在那一刻,我才意识到个人素质不够高,将会影响部队的整体水平,将使部队战斗力大大减弱。我一下子明白了一名真正军人到底该做什么,每天的训练是为了什么,肩膀上扛的责任是什么。从那之后,我更加严格要求自己,队列、体能不好就多练,挤出休息的时间练,理论知识不过关就熬夜加班加点背。终于功夫不负有心人,3 公里负重越野从 18 分钟变为 15 分钟,从曲臂悬垂根本挂不住变为能挂住 1 分 40秒,在新兵训练结束时,我被评为标兵,理论考核第一名……我顺利成长为一名政治思想强、军事技能硬、作风纪律严、完成任务好的合格士兵,并在同年新兵比武中获得了综合成绩第二的好成绩。

两年戎马枕金戈

进入连队后,我继续保持勤奋刻苦的优良作风,以专业理论第一顺利结业,获得了进入战位的通行证。

"我是通信女兵",班长们一丝不苟的工作态度时刻提醒着我们站位的重要性,"一字一码,千军万马。"在岗期间处理报文几千份,没有任何一次出过差错。因为是大学生入伍,我还兼任了新闻报道员的身份,两年中在网站发出新闻稿若干篇。从当初一个注重自己得失的大学生,成长为一名顾全大局肩负保家卫国重任的中国人民解放军战士。在花样年华的青春,为部队建设贡献我的一分力量,为守护国家尽一点绵薄之力,个人素质得到了极大的提升。

退伍不褪色,退役不退志

2021 年 9 月退役复学后,我坚持弘扬在部队学到的"一不怕苦,二不怕死"的精神,勤奋学习、踏实工作、敢于担当,在学习生活等各方面继续保持军人的本色和风采。在学习中刻苦努力,深知学习机会来之不易所以格外珍惜,第一学年学习成绩名列前茅。我担任班级团支书,想方设法把班级建设好。在开展团日活动期间,以自身经历向班上同学讲述红色故事,分享强军路上的奋斗历程,增强团员青年的家国情怀。组织班上同学积极参与2022年团支部风采大赛,参加"我是演讲家"团支书演讲大赛,参加"第六期团支书培训"。我加入学生科技协会,工作中积极主动,于2021年12月获得"优秀干事"。我加入校团委组织部,积极参与各种活动策划,勇于面对工作中的各种困难和挑战,并于2021年12月获评校团委直属部门优秀干事。

汪岚娟说:做自己想做的事情——参军入伍,保家卫国。作为新时代的一名退役大学生,我将继续发扬退伍不褪色的优良作风,将报国之心、强军之志融入理想追求之中,让奋斗基因融入青春血脉,让拼搏精神成为最鲜红、最厚实、最有力量的青春底色。

星光不问赶路人，时光不负有心人

张森林，经济与管理学院工程造价专业学生，荣获 2018 年度"全国优秀共青团员"称号。他怀揣理想，热心公益，是志愿之路上执着的梦旅人，获得重庆市青年志愿者先进个人、重庆市最美科普志愿者、重庆市优秀青年志愿者、重庆市造血干细胞捐献服务工作优秀志愿者等荣誉。

爱为志愿之始，乐在其中

谈到如何与志愿结缘，张森林坦言，自己是个性格比较内向的人，热衷于尝试生活中的不同面，喜欢那种帮助别人的感觉。他从大一开始就加入了学校的青年志愿者协会。渐渐地，做志愿服务成了他学习之余的一个习惯。

有一次，他到幼儿园做志愿服务的时候，一个稚嫩的小女孩走向他，严肃认真地告诉他要少玩手机、少看电视。瞬间，他被这个小女孩的话感动了，让他有一种被信任、被关心的感觉，服务一天的疲惫在小女孩暖心的话语前都卸下了。小朋友的世界是天真烂漫的，对张森林而言，到幼儿园做志愿服务不仅仅是和小朋友一起玩，他们的单纯可爱也同样慰藉他的心灵。有了一个好的开始，张森林更加坚定自己当初的选择，以至于后来与"志愿"结伴前行，追风赶月不停留。

与"志愿"结伴，步履不停

大二那年，张森林担任了青年志愿者协会项目部部长。这是一个具有挑战性的部门，张森林担起部长的职责，各种困难与考验接踵而至。虽然时常感觉时间不够用，也承担着很大的压力，但他并未放弃，而是积极调整心态自我鼓励。他表示："选择即意味着坚守，需要去承担工作所赋予我们的责任,不管多苦多累,我都不敢放弃,我怕辜负老师、学长学姐、同学的信任,我也怕辜负了我自己的选择。"

2016年12月,张森林作为学校代表前往宁波参加第三届志愿者交流会,由他主导的"心向阳,梦灿烂"项目获得全国银奖。张森林说,这个项目的灵感来自青年志愿者协会校外的一个助残基地,他将这个助残基地和自己负责的"模拟残奥会"联系起来,产生了这个创意。"通过这个项目,我对志愿服务的质量和专业度都有了更深的理解和感悟。去宁波参加志愿者交流会时,接触了全国各地的优秀志愿服务项目,和大家交流经验,让我受益匪浅。"张森林说道。他运用此次"宁波之行"的经验成功策划并组织了学校首届志愿服务项目大赛。在他的策划和带领下,成功打造了"血莲花'造'动计划"。在该计划的推进过程中,学校学生加入中华骨髓库的人数已高达1 000余人。2017年,"血莲花'造'动计划"项目获得重庆市高校志愿服务项目大赛银奖。在接下来的几年中,张森林一直与志愿结伴,参加社会志愿服务达100余次,累计服务时长达680小时。

凡心之所向,素履以往

生活中的张森林兴趣爱好广泛,阅读、看剧、运动、旅行……就像他对待志愿服务的态度一样,生活中的他以梦为马,步履不停。他可以只因为别人的一则动态便独自跑到西安,夜爬华山,在山顶等待日出。他讲道:"去感受不同国家、不同地方的风土人情,尝试不一样的生活方式,享受不同的风景,是我对生活的一个小期许,在未来的生活中,我也希望自己坚持读万卷书、行万里路的生活态度。"

面对"全国优秀共青团员"这个荣誉称号,他表示"优秀"是一种激励,也是一种鞭策,会不断提醒他不忘初心,树立远大理想和坚定信念,去求真,去务实,去奉献,去做新时代理想坚定的青年,让青春与祖国相辉映,让自己与祖国共奋进。谈及未来的目标,他引用了《人间食粮》中的一句话——"我在妙不可言的生活中,等待随便哪一种未来。"他表示未来会更认真地做好志愿服务,努力加入中交二航局"蓝马甲"行列。对于生活,他认为更重要的是活在当下,着眼未来,拥抱所爱,热爱所爱。

　　张森林说:对于生活,更重要的是活在当下,着眼未来,拥抱所爱,热爱所爱。去感受不同国家、不同地方的风土人情,尝试不一样的生活方式,享受不同的风景,是我对生活的一个小期许,在未来的生活中,我也希望自己坚持读万卷书、行万里路的生活态度。

以寸心寄华夏，将明月赠山河

马永强，就读于土木工程学院，于 2021 年 3 月入伍，在中国人民解放军联勤保障部队服役，于 2023 年 3 月退伍，在 2023 届大一军训中担任 59 连学生教官。入伍期间，他获得两次嘉奖，一次优秀新兵，一次优秀学兵，还获得过新兵营演讲比赛一等奖，学兵营武装越野二等奖等荣誉。

少年凌云志，爱国赤子心

"青春，是国防服役的骄傲。"2021 年马永强第五次报名参军，"第一次是高考时，第二次是高考后的暑假，第三次是大一上学期，第四次和第五次是 2020 年的 3 月和 9 月。"被问及为什么对参军如此执着时，他腼腆地笑了笑："我心里有一股热血，一股一直想为国防服役的热血，在我看来，青春是奉献国家的最美年华。"心永恒，志弥坚，恰印证了《觉醒年代》中写的那句话：山河犹在，国泰民安，愿以吾辈之青春,护卫盛世之中华。

"军营里教会我遇事沉着,同时无时无刻不在提醒我规则意识",马永强谈起军营对自己的影响,这样回忆道。军营生活虽然艰苦,虽然单调,但回想起那段峥嵘岁月——同战友们团结在一起的日子,还有班级比武的日子,马永强全都历历在目,倍感珍惜。"印象最深的就是新兵营的演讲比赛,准备了一周的时间,结果上台敬完礼就忘词了,在台上干站了20多秒一句话没蹦出来,但台下一直在鼓掌。"对他来说,这是很难忘的一点,大家因为同一个梦想穿上军装,团结起来鼓励台上紧张的他。"没有他们也许就没有我这个一等奖。"他感慨道。

把大家的心放在一起

第一次担任学生教官,马永强想要把同学们带好,同时不辜负老师的期望。按照他的带队宗旨,只有一开始建立起足够的威严,整个队伍才不会变得懒散。把握好整个队伍的松紧度,在团队很紧绷的时候适当地与他们聊聊天,这一点很重要。

马永强对自己连队的表现很满意,并且由衷地表示:"他们是我见过最有执行力的连队,我能感受到他们心里的凝聚力,真正把我当成一分子的那种凝聚力。"他希望自己的连队能通过这次军训,树立坚定爱国的品质。其次,他也想磨砺出他们不畏艰难、百折不挠的气性,希望他们在未来遇到困难的时候,能记起军训期间咬牙坚持、克服困难的时刻,能带给他们勇气。

勇敢的人先享受世界

"希望连队里比较自卑、比较内向的同学,可以开心、自信起来。"这是马永强教官的第三个期望。五十九连里有一个胖胖的男孩,很内向,不爱讲话,但懂得默默奉献,休息时马永强就经常找他聊天。"后来他因为胃病转到勤务连,我经常买饮料或者水果去勤务连看看他，陪他聊聊天。"

马永强鼓励他多抬起头看看世界，希望他上进，希望他勇敢，也把相同的期许送给连队里的所有同学："我们可以享受过程，无论它是快乐的还是痛苦的。人生道路上希望你们不会被苦难击垮，因为你们曾是我带过的战士。"

马永强说：我们可以享受过程，无论它是快乐还是痛苦。人生道路上希望你们不会被苦难击垮，因为你们曾是我带过的战士。

青年志愿者，他用 230 个小时注入正能量

用 230 个小时能干什么？看 100 部电影、读 50 部书，还是完成几次旅行？有这样一个青年，他把 230 个小时献给了他人。他叫黄立，来自 2017 级航运与船舶工程学院船舶与海洋工程专业。在过去的四年时间里，他做过的志愿者工作不胜枚举，参加过"三下乡""重庆智能博览会"，帮助过孤寡老人……仅认证的志愿时长就长达 230 余小时。为此他也多次被重庆交通大学授予"青年志愿者先进个人""最美志愿者""'三下乡'社会实践活动先进个人"等称号。

　　并非人人都能理解志愿者工作。黄立听过很多质疑，"连自己的生活都顾不过来，哪有精力去帮助别人？"在黄立看来，志愿者并不等同于慈善家。"做慈善你可能需要很强的经济实力才能捐款捐物，但是志愿者只需要你想做，就可以付诸行动。帮助不是用钱来衡量的，而是用爱唤起爱。"

有一寸光就照亮一寸夜

　　"爷爷，您要不要出去晒晒太阳？"面对志愿者的关怀，老人只是漠然地把头扭向一边，混沌的目光毫无聚焦地飘向远处。这位老人生活在钟鹤村，是黄立此次关爱孤寡老人活动的帮助对象之一。老人孑然一身，唯一的陪伴是一间黑黢黢的小危房，政府出资为老人建新房，送衣物食品，但是老人抗拒搬家，更抗拒和外界的一切交流，很多时候他只是一个人沉默地坐在黑暗里。

　　"他的心结没有打开，再多的物质关怀也无济于事。"为此，黄立和其他志愿者想出了办法。每天给老人表演歌舞，军体拳，讲故事，教老人看短视频……不需要强行交流，这种默契陪伴似乎成了一个雷打不动的约定。忘了这份约定持续了多久，有天，黄立忽然发现这位不苟言笑的老人竟然像孩子一样，躲着他们的视线，偷偷笑了。但是这一笑，却给了黄立很大的鼓舞。更让他意外的是，老人终于愿意搬进亮堂的新家了。"用什么做志愿工作？时间，耐心。只要想做，总能把打游戏追剧的时间抽出来帮助别人，并不是达才能兼济天下，而是有一寸光就照亮一寸夜。"

当作事业去做，当作生命来活

　　"志愿服务并不是可以用金钱衡量的，虽然是义务服务，我依旧把它当作事业去做。"随着黄立志愿服务得到越来越多的认可，2020年黄立成为智博会志愿者后勤部部长。智博会开幕的前一天，黄立又专门花了时间参加了礼仪仪表的培训。"这种大型的活动来参加的人很多，我的形象已经不代表我个人。尽管是后勤部，每个表情，问候，动作，都应该尽善尽美，哪里需要帮助就迅速赶过去，以确保智博会顺利进行。"

　　三天时间，他们都要在门口站岗，即便已经精疲力竭，遇到需要服务的来宾，他还是把疲惫掩盖在笑容和问候之下。黄立不认为自己在"坚持"做志愿，在他眼中，这像是一日三餐般的自然。"抽空就会去做志愿活动，"他坦言"志愿活动已经是我生命中的一部分。"

我把风险挡在外面，才能让更多的人回家

　　2021年3月，疫情形势依然严峻，黄立主动承担起了社区的抗疫志愿者活动。不过这次，最先提出反对的是他的父母。"他们觉得我这样做太危险了。"黄立不好意思地笑笑。

　　"我知道这份工作有风险，但是既然是党员，只要有了机会，我就会主动去做。这份工作我不做总得有人来做。如果人人都因风险而逃避，社会什么时候才能恢复运作？"他认为自己的贡献很小"仅仅是在门口帮忙测体温，核对健康码，事情虽小，但是容不得马虎。"他坚信，自己只有把风险挡在外面，才能让更多的人回家。

　　黄立说：*志愿者只需要你想做，就可以付诸行动。帮助不是用钱来衡量的，而是用爱唤起爱。*

沙漠"土壤化"故事

　　4月25日,共青团重庆市委员会发布《关于2020年度"重庆市向上向善好青年"选树结果的通报》,学校土木工程学院2014级桥梁与隧道工程专业博士研究生李亚,从众多参评者中脱颖而出,获评"创新创业好青年"称号。他勇于创新创造,在易志坚教授带领的沙漠"土壤化"多学科交叉的科研团队的不懈努力下,为沙漠生态治理、改善风沙区生态环境做出自己的贡献,成为给沙漠"换脸"成员中的一分子。

从文科到工科,从桥梁到沙漠

　　2007年9月,初入大学校园的李亚就读于外语学院涉外工程英语专业,是一名不折不扣的文科生,但兴趣和考研目标使然,他决定辅修桥梁工程专业。本科期间,他目标明确,成绩优异,获得桥梁工程专业一等奖学金,通过大学英语六级、专业英语八级考试,并在2011年顺利拿到文学和工学的双学士学位。同年,他考取了交大桥梁工程专业的硕士研究生,真正完成了从文科生向工科生的身份转变。

读研期间,他也并未放松自己。3 年时间内,他参与了多座桥梁以及边坡、隧道等土木工程施工项目,并在导师指导下,撰写发表了多篇学术论文。在读博期间,他又以团队负责人的身份斩获第四届中国"互联网+"大学生创新创业大赛重庆赛区金奖、全国银奖。参与创新大赛的经历让他意识到,在比赛中不仅要善于发现项目的核心点及痛点问题,更要能解决这些问题。

2012 年,李亚有幸加入了易志坚教授课题组,在从事桥梁、力学研究的同时,逐渐接触到易老师的"沙漠土壤化"科研项目,了解到这个项目的重大意义后,他"心动"了,于是他一边从事桥梁、力学研究一边对沙漠治理进行探寻,从此结下与沙漠的不解之缘。加入易志坚教授科研团队后,他发现"沙漠土壤化"项目需要的不仅仅是力学相关知识,要想在团队中有所贡献,需要对植物学、农学、生态学、土壤学等学科有基本了解。对此,他通过自学的方式掌握了多学科相关科研知识,并将其综合运用到实际科研工作中。

投身沙漠,点"沙"成"土"

在经过前期的理论研究、新材料研发和模拟实验后,2016 年,他随研究团队首次来到内蒙古乌兰布和沙漠进行沙漠实地试验。初入沙漠,他直言自己很不适应,"刮起大风来,沙子满天飞,鼻子嘴巴里都是沙尘,眼睛都睁不开"。但经过自己和团队的亲手改造,将 25 亩沙子变成一片生机盎然的绿洲之后,"心情也会变得美好起来"。

与在普通土壤里种植作物不同的是,从最初的地块整理、变土、播种,再到植物的管养,他和团队需要全程对植物、土体进行观察,"一年常有七八个月待在沙漠里,忙起来好几个月都顾不上休假。"但要说最难的,李亚认为还是沙漠的恶劣气候对植物生长的影响。2017 年进行大规模中试试验时,沙漠恶劣的气候条件严重阻碍了植物幼苗的生长。但好在，经过他和团队的不懈努力，找到了解决办法，战胜了恶劣天气，在短短几个月时间内，让 4 000 亩沙漠变成了绿洲。

2007 年入校至今，李亚逐渐完成了从一名普通大学生向沙漠"土壤化"科研团队核心成员的转变，成长为沙漠"土壤化"内蒙古中试科研基地的技术骨干。对于自己的这份成长经历，他表示，"是源于自己能够认真地对待自己的工作，努力把能做的做到最好。"但谈到这份自己所获得的荣誉，李亚坦诚道："自己有点受之有愧。这份荣誉应该是属于整个团队的，自己只是有幸被看到了。"他已完成弹塑性断裂力学及其在桥梁中应用相关的博士论文，李亚表示，博士毕业后，会继续投身到沙漠治理之中，继续为沙漠"土壤化"项目做贡献。

李亚说：不仅要善于发现项目的核心点及痛点问题，更要能解决这些问题。

双福校区图书馆位于李子湖中段北面，外语计算机教学楼正对面。作为学生第二课堂，它环境清幽，空间宜人，拥有精致的中庭，馆内藏书丰富，电子刊物内容全面，是双福校区的信息中心和文献中心。

球场飞扬的女性力量

2022 年中国女足获得亚洲杯冠军,时隔十六年再次站上亚洲之巅,一时间"女足夺冠""女足精神"等词条迅速冲上各大榜单,女足姑娘们坚韧不言弃的精神也得到了广泛认同。而在校园足球的舞台上同样有一支女足队伍,她们从最初参加重庆市大学生足球赛一场被进 10 颗球,到如今连续三年夺得重庆市亚军,她们是交大足球不断发展的见证者,是飞扬在球场上的女性力量。

重庆交通大学女子足球队,组建于 2017 年,现役球员 26 名,从2019 赛季开始连续三年获重庆市亚军,三次拿到全国赛门票。

曲折

最开始招募的队员基本没有参加正规比赛的经验和基础,主要成员也集中在隆承宏教练为女足建队特意开设的专项课上,当时全校招募最后也只有 19 个人参加。"女足第一次参加大足赛的情况确实有些惨烈,有一场 0∶10 全程被对手压着踢,结束之后队员们都哭了。"球队另一位教练刘礼回忆道。

女足在艰难中起步,反而锤炼了她们顽强拼搏的品格,球队发展过程中也承载了许多人的努力和付出:为荣誉而战甚至受伤骨折的队员、考研期间仍坚持训练参加比赛的队员、场上场下拼尽全力奔跑和呐喊的队员,当然,还有悉心指导、严格要求的教练们……

力量

球队摄影师回想第一次看到女足在大雨里踢比赛的情景时说道,"我的感受就只有敬佩,某些瞬间甚至有点热泪盈眶。"下雨之后场地非常湿滑,在此情况下飞速奔跑和奋力拼抢球的时候极易摔倒,"但她们每次摔倒都迅速起身,仿佛刚摔了360度的根本不是自己。"那一刻她们与女性"需要被保护""娇弱""胆小"的形容毫无联系,她们是驰骋在赛场上把赛场命运掌握在自己脚下的铿锵玫瑰,她们勇敢、坚韧、不言弃,她们充满力量。

牵挂

今年女足挺进重庆市总决赛后,四名已经毕业退役的女足老队员专程从全国各地火速赶来给球队加油,交大女足的首任队长杨晴临时请假从成都赶回重庆。"老队员回来看我们比赛也是球队一直以来的优良传统,有她们看比赛我们在场上很受鼓舞,也更有冲劲,当然也更想要获得好的名次不辜负她们的关心。"从女足初建就已加入的"五届元老"球员邱兴学说道。

毕业在即,队长莫丽表示无论以后能不能继续在球队踢球都会一直关注交大女足,也会经常回来看望大家,"球队对我而言就是家,教练和学姐学妹们都是亲人。"一个被冠以"家"之名的队伍,温暖和凝聚着热爱着她的人们。

困境

冬奥会前后,"青蛙公主"谷爱凌走进大众视野,她的一句"我并不像个男孩,因为体育本来也属于女孩"获得了无数认同。诚然,在运动场上,无关性别和年龄,每个人都可以尽情挥洒汗水,但在校园体育中,女性的参与度仍然不够。现在交大校园里已经开设了女足五人制比赛,女子足球终于如女足建队时的愿望,有了更加浓厚的氛围,然而这样的成果也只是迈出了第一步。

　　本赛季交大女足冲进半决赛后,女足队员师朵朵坐了一天的火车从大学生篮球赛场地赶回足球赛场地,"其实我本来是打篮球的,但是学校里搞体育的女生不多,所以我又在教练推荐下参加了足球队,现在两支球队我都很喜欢。"校园女子球队里,"一人分饰多角"的情况并不稀奇,只是在这样的情形下,球队的发展也必然受到一定的限制。

　　针对这样的情况,隆教练表示:"现阶段我们鼓励更多女生参与足球运动的办法之一就是多去宣传和鼓励,展现女足队员们的精神,也展现我们团队非常友好的氛围,无论哪个方面,能吸引到大家多参与就有进步。"

　　交大女足的成长从曲折中来,但似乎还没等来最后加冕称冠的时刻,然而奋力奔跑进取拼搏的女孩们,又何须一块金牌来证明这一段无悔的足球梦?时间流逝,队伍中的成员更替,但不变的是播撒在绿茵场上的热爱,是球场上飞扬的女性力量,是梦想和坚持共同编织成的青春。

　　交大女足队员说:无须金牌证明,为足球拼搏过、热爱过,便是青春无悔。

球在,梦想就在

2017年11月29日下午3点,重庆市大学生校园足球联赛决赛在重庆文理学院足球场拉开战幕,重庆交通大学男子足球队最终以二比一的比分逆转,战胜西南政法大学男子足球队,获得本届比赛的冠军。男足队员们在创造历史的同时,也在一场场比赛中不断诠释着交大足球队的精神——球在,梦想就在。

历史

2001年,校队现任总教练隆承宏进入球队,担任助理教练。

2002年,球队参加重庆市大学生校园足球联赛(下称大足赛),追平了队史最好成绩。

2005年,球队在大足赛中小组未能出线,球队发展停滞。

2009年,球队重新组建,隆教练首次作为主教练和刘教练携手带队参加大足赛,在实力经验均不足的情况下,小组未能出线。球队的发展再次停下。

2013年,校内一群热爱足球的学生找到在体育部任教的隆老师和刘老师。

"好几年我们学校都没参加中国大学生足球联赛[现名全国青少年校园足球联赛（大学组）]，那年重庆赛区开始报名后，学校并没有组织校队参赛，但那时学校里足球运动的氛围特别好，踢球的人也很多，我们很想代表学校去参赛，就自发组建了一支球队，愿意利用休息时间进行训练和参赛。"土木工程学院的杨涛作为曾经见证过这段历史的老队员，对2013年的那次"请愿圆梦"仍然历历在目。

面对同学们的拳拳之心，球队教练隆老师深受感动。"他们自费请我们做教练，然后自费去参赛。那时感觉自己心里埋藏多年的对足球的热情又被点燃。我和刘教练商量无论怎样都要帮助他们圆梦。"

当年学校没办法给予足球队资金支持，队员们就自发筹集资金用于训练和比赛的各种开销。走走停停的交大足球队，在2013年开始了新的纪元，用刘教练的话来说，这是一次凤凰涅槃。那年的比赛也让球队与未来的老对手结缘。

对手

2013年和重庆医科大学足球队的首场比赛，是交大男足历代队员们遗憾的开始。

那年大足赛，交大男足在小组赛首轮迎战重庆医科大学足球队，在上半场3：0领先的情况下，下半场由于教练和队员们战术经验不足，对场上形势的判断出现较大失误，被对手扳平比分。最后小组排名，交大男足以一个净胜球的劣势惜败于重庆医科大学足球队，未能进入前四名的争夺。

2014年，学校正式成立校队出征大足赛。球队追平队史最好成绩，获得季军。然而在半决赛，实力较弱和伤病的困扰让队员们再次遗憾地输给了重庆医科大学足球队。

2016年，小组赛最后一轮，球队再次迎战老对手，90分钟内双方战平，最终又以一球之差败在了点球大战中。队员们的大足赛之梦再次被重庆医科大学足球队终结。

2017 年,交大男足在淘汰赛再次遇到老对手重庆医科大学足球队。多年的蛰伏换来了蜕变,交大男足用一场酣畅淋漓的 4∶0 大胜,为多年的遗憾画上了句号。

半决赛上,面对实力更强的重庆大学足球队,在一球落后的逆境下,交大男足前锋刘剑桥在进攻中受伤下场。下半场带伤上场的队长严春浩在一次任意球配合中冲进禁区,用一记头球扳平比分,将比赛拖进点球大战。守门员陈晨在点球大战中扑出对方的一粒点球,帮助球队拿下比赛。

决赛再次面对先丢一球的局面,队员们坚持到最后,逆转对手,最终拿下本届大足赛的冠军,刷新了纪录,创造了历史。

大家庭

无论是教练还是球员,提到球队,他们都异口同声地说出一个词——大家庭。"我觉得热爱足球的人在校队找到了归属感。"对大家庭的概念,球队的摄影师崔敏这样解释道。

2018 年比赛地点宣布的当晚,为了争取更好的住宿条件和最优惠的价格,隆教练、刘教练、徐教练驱车赶往比赛地永川预订酒店,凌晨 3 点才返回。"主要目的就是在商家还不知情的情况下抢到最优惠的价格。我们 3 位老师需要做的就是让同学们吃得好、住得好,给他们提供最好的后勤保障。"隆教练朴实的话语里充满了对队员的爱。

出征前,脚伤未愈的队长严春浩做出带伤参赛的决定,对于研三的他来说,这是他的最后一届大足赛。"带伤上场,是不想留下遗憾,另外,也很舍不得球队,想为队伍贡献一份力量。"作为球队精神领袖的他深知,"当我在后场的时候,大家都很安心。"

球队的历史让每一代队员对这支球队都充满深情。为队员们暑期制订近乎苛刻的训练计划的刘教练,赛前因伤把参赛机会让给新队员的主力后腰古睿,比赛时为球队每日熬姜汤的李志尚和 3 名老队员,赛后已经回校却毅然再次返回赛场给球队加油的女足队员们……还有从各地赶来支持比赛的老队员们,他们都说,是球队代代传承的精神让这个大家庭有了如此的凝聚力——球在,梦想就在。

足球梦

"刚进队的时候,我加了足球队的 QQ 群,我发现群名字叫'为梦前行'。当时我很难把足球和梦想联系到一起,觉得踢球单纯只是爱好,后来慢慢了解到这支球队的历史,我才逐渐理解为梦前行的真正含义。"2016 年加入球队的刘剑桥这样谈到大家共同的足球梦。

作为球队的五朝元老,杨涛也感慨不已。"踢了这么多年球,更多的是看到了自己的成长,希望学弟学妹能够把交大足球精神继续传承下去,不管是生活还是学习,只要有梦想,就值得我们去拼搏。"

看到自己未完成的足球梦被队员们继续坚持着,隆教练和刘教练很欣慰。他们说:"以前每一个毕业的队员,我们都会给他一张荣誉证书,在证书背面会写上他们的技术特点,还有对他们的希望。他们就是我们的骄傲,看着他们一届一届地成长,这种精神一代代地传承下去,我们觉得这个过程很快乐,这给了我们很大的满足感。"

2019 年 3 月,交大男足代表重庆出战中国大学生足球联赛的西南大区赛。对于足球梦,隆教练还有更多的期待,在他看来,这次男足的夺冠只是一个开始,"此次比赛我们学校也第一次成立了女足队并参加比赛,从她们踢进第一个球,到赢下第一场比赛,我能感觉到她们的成长和校园足球的氛围正在慢慢改变。当然足球也只是一个点,最终还是要让所有的同学都能感受到校园运动的魅力,并且都能参与进来。"

球在,梦想就在。交大足球队的逐梦之旅,已然开启新的篇章。

交大男足队员说:踢了这么多年球,更多的是看到了自己的成长,希望学弟学妹能够把交大足球精神继续传承下去,不管是生活还是学习,只要有梦想,就值得我们去拼搏。

自爱自强　玉汝于成

　　她是身处逆境却依然自立自强的"中国大学生自强之星";

　　她是"帮助他们,就像在帮助曾经的自己"的"中国好人";

　　她是带着病重养父上学,边读书边打工的"最美巴渝·感动重庆月度人物";

　　她,就是学校经管学院会计专业 2019 级学生于婷婷。

生命以痛吻我,我却报之以歌

　　于婷婷出生时就被亲生父母遗弃,养父将她带回了家并把她抚养成人,也正因如此,养父一直未婚。在于婷婷读小学六年级时,奶奶因病瘫痪，她便和爷爷一起照顾奶奶，帮奶奶洗澡，推着轮椅带奶奶出去晒太阳。屋漏偏逢连夜雨，中考过后，奶奶去世，养父却被查出患有肝硬化及布加氏综合征等大病，她稚嫩的肩膀不得不担起照顾患病养父、支撑起一个家的重担。日子虽然艰苦，但幸运的是，艰苦的环境不仅没有使她消沉，反而磨炼了她坚强的性格和不屈的韧劲品格。从高一开始，于婷婷就去学校食堂做义工勤工俭学解决生活费用，高中三年，每个周末都回家带养父去官渡镇上输液缓解病痛，经常也会遇到养父突发急病的情况，需要请假坐客车回家带养父去看病后赶回合川上课。这样的生活并没有把于婷婷吓倒，反而更是让她树立了要努力学习，撑起这个濒临破碎的家的决心。

2018年，于婷婷被重庆财经职业学院录取，收到录取通知书的她既悲又喜：一边是孤苦伶仃的养父在老家没人照顾不放心，一边是自己梦想的大学。

不愿向命运低头的她决定带着养父一起上学。因为她知道，报答父亲最好的方式，就是好好读书改变命运，这样才能更好地照顾父亲。为了方便照顾父亲，她走遍了学校附近的所有便宜的出租屋，最后以每月100元的房租租下了一间不到10平方米的出租屋。将养父安顿下来后，她开始了学校、出租屋、医院"三点一线"的生活。她每天中午放学后为养父做好午饭，然后匆忙赶去学校上课，下课后又匆匆忙忙去市场买点菜回家做饭，照顾养父吃过饭后，再匆匆跑回学校上课。哪怕学校离出租屋往返需要一个小时的时间，但为了节省车费，她都是步行回家。当别人已经入睡时，她还在看书，她十分珍惜学习的机会，成绩在班上一直名列前茅，并在大学期间先后两次获得了国家励志奖学金。

2019年，于婷婷的爸爸因为病重去世，坚强的于婷婷说，我会永远带着爸爸的爱，带着社会各界的关心和支持，坚定的走好未来的每一步。

青春无边,奋斗以成

大学期间,于婷婷信念坚定,思想上要求进步,积极向党组织靠拢。刚入大学,她就向党组织递交了入党申请书。

2021年6月,她终于成为了一名光荣的中共党员。她始终以饱满的热情投入到工作和学习之中,时时、处处发挥着模范带头作用。在班级中,她尽职尽责地做好本职工作,协助班长一起做好班级工作,积极与同学们沟通,热情主动地帮助同学,被评为"优秀学生干部";在学院里,她积极报名参加党支部"讲红色革命,讲革命精神"活动,主动宣讲经典革命故事,传承优秀革命文化;在农村老家,她积极响应号召,主动投身基层抗疫第一线,在村里充当起防疫科普宣传员的角色,帮助不会使用手机、不会从互联网中科学获取信息的老人们普及新冠病毒的相关防控知识。因为口罩等物资缺乏不好购买,她还利用寒暑假打工,把好不容易积攒下来的钱购买口罩赠送给邻里乡亲们。在自身经济条件非常艰苦的情况下,她发挥了一名共产党员的模范带头作用,给身边的人带去了积极向上的正能量。

奉献的青春最美丽

"一路走来,我得到了社会和学校的帮助,这份爱心推动着我去帮助他人,做志愿者让我觉得满足,也实现了自己的社会价值。特别是帮助留守儿童的时候,我感觉也是在帮助曾经的自己。"自小的生活经历使于婷婷学会了感恩。除了加入学校公益社团,参加四点半课堂,给留守儿童们辅导作业,同时在校外加入了尚善义工爱心团队,走进永川区特殊学校、敬老院传递爱心,帮助需要帮助的人。

在做好公益事业的同时,于婷婷在学习上也非常刻苦,2021年,经过自己的努力,她专升本成功,正式成为了我校经管学院会计专业的一名学生。站在新的起点,于婷婷说,她将继续认真学习不断提升自己。经历挫折后,挺立的样子就是风骨。"我会带着斗志,迎接每一个挑战。"

人物资料

于婷婷，重庆合川人，先后被团中央评为 2018 年度"中国大学生自强之星"，2019 年 6 月被重庆市委宣传部、市文明办评为"重庆好人"，2019 年 12 月入选中央文明办"中国好人"，2019 年 7 月被评为"最美巴渝·感动重庆月度人物"；2019 年 12 月被授予 2019 年度"感动永川十大人物"。2020 年，于婷婷被中央宣传部、教育部联合评为"最美大学生"。

于婷婷说：我会带着斗志，迎接每一个挑战。

明德楼位于南岸校区明德广场，正对图书馆，是学校部分职能部门的办公楼。其名取自「大学之道，在明明德」，并以纪念学校首任校长穰明德。

在孤独的路途中做一颗小星

曹雨,河海学院水利类1904班本科生,中共预备党员,在校期间平均绩点为4.26,专业排名第2,获评国家奖学金、重庆交通大学优秀学生奖学金一等奖,荣获重庆交通大学三好学生2次、重庆交通大学优秀共青团员。在学科竞赛上,获得省部级奖励3项、校级奖项9项,共计12项。主持国家级大创项目1项。

"学习从来就不是一件轻松的事,要学会直面困难与享受孤独。"

学习是一场孤独的远行,对于一个高中理科成绩不太理想的人来说,学习工科更显艰难而漫长。但不擅长并不能成为不努力的理由,曹雨同学就是抱着这样的心态,去直面学习上的每一道难关,努力做到最好。

有一位大师一直激励着她,那便是我国中科院院士钱伟长先生,为了祖国的强大,钱伟长毅然转去了物理系,勤奋学习、发奋图强,最终成就了传奇人生。只要心中有信念,肯下功夫、勇于钻研,汗水会证明一切。所学的专业已成既定事实,接下来的任务就是全力学好它,曹雨同学及时调整状态,脚踏实地、刻苦学习、全面发展,坚持不懈地向着自己的目标不断前进。在从不擅长转变成擅长的过程中,她常常将一句话挂在嘴边:"没有真正的不喜欢,只是畏难在作祟。"所以,她认为克服畏难情绪就是把不喜欢转变为喜欢的关键。

学习这条路上终究是要自己披荆斩棘,学会与孤独相处,明白学习就是破茧成蝶中独自被蚕蛹牢牢困住的阶段,尝试去享受克服困难的过程,久而久之便会发现曾经不曾感受过的快乐,最终破茧成蝶。

"做一个自己喜欢的人,保持热爱,奔赴山海。"

在很多前辈的回忆中,大学阶段是人生最美好的年华。正处于其中的年轻人定不要辜负。她相信:功课的学习是学生的本分,而充实的大学生活会让你更加热爱自己。

"一个人的生命是应该这样度过的:当他回首往事的时候,不因虚度年华而悔恨,也不因碌碌无为而羞耻。"曹雨同学在进入大学时就参加了各种学生组织,社交实践、团建活动、社团工作等,很多事情都是她第一次接触,体验着新鲜感的同时也感受到了许多乐趣,而一次次的工作经历也促使她不断进步,体会实现自身价值的快乐。她还积极参加各种学科竞赛,虽然可能由于自身储备知识不够、经验不足等原因,没有取得很理想的结果,但她学会了怎样带领团队、怎样进行分工、怎样与老师对接……也体验了第一次自荐、第一次写申请材料、第一次答辩等经历。备赛的过程是充实而有意义的,结下的师生情谊也是深刻难忘的。此外,学习之余的兴趣培养也是必不可少的。参加排舞比赛,既锻炼了身体,也为自己赢得了荣誉;提升英语口语,既掌握了一项技能,又发展了自己的爱好。大学期间尽可能多方面发掘自身的潜能,也为未来创造无限可能。

生活的热爱应当源于用有目的性、有计划性的充实忙碌来代替迷茫空虚,享受忙碌的过程才能体会到生活中无与伦比的美丽。

"做一颗微不足道的小星,闪耀着属于自己的光。"

曹雨同学从小接受家庭的熏陶,崇尚着助人为乐的品德,所以自初中以来,她便一直热心公益,乐于助人,服务社会。大学期间,她参加了留守儿童基地活动,辅导留守儿童功课;多次参加"美丽中国"陪读活动,陪伴乡村儿童阅读;参加校图书馆、重庆市图书馆志愿服务活动,整理书籍,帮助他人;参与乡镇政府基层治理工作,走入村民家中了解民情民意。她一直怀着扶贫济弱、奉献社会的志向,并始终如一地去践行,也正如她入党时的初心,到祖国最需要的地方去,用自己的行动努力为人民服务。

毕淑敏在书中曾写过"要像一颗微不足道的小星学习:可以微弱,但要有光。"曹雨同学正以自己的方式,闪耀着属于自己的光。

曹雨说:沉下心去学习、去体验,便能在看似一成不变的生活中发现细微的星光。享受大学生活,享受这仅有一次的人生。

敢于尝试，实现自我价值

　　刘如仙的大学生活非同寻常。在部队里他是一名不怕吃苦的优秀军人，在学校里他是同学们亲爱的班长。两年的投笔从戎不仅没有消磨掉他的青春活力，反而让他更加热爱学习、热爱班集体，并且返校后一直保持着优秀的绩点。刘如仙曾两次获得国家励志奖学金，所在的班级曾获市优秀班集体的荣誉称号，同时他还是中共预备党员。这样一位不怕吃苦，敢于奋斗的青年，今天让我们一起走近他，聆听他的心声。

当兵后悔两年，不当兵后悔一辈子

　　"我是一直都有从军梦，高考结束便开始报名，前两次都是由于体检不合格而错失机会，在第三次报名后，顺利通过。军营中的苦，不是真正的身体上苦,而是磨炼心智。"

军营的生活苦是出名的,但是刘如仙一直保持着对军营生活的向往。即使军营中有高强度的训练并且安排有专业课程,但是刘如仙还是会在空闲的时候看会儿书,让自己在精神上也有所依靠。军营生活虽然苦,但是他也收获了很多:"一不怕苦,二不怕死"的精神,令行禁止的服从意识,更有同甘共苦的战友以及数不清的回忆。

"其实当你真正步入了军旅生活,才会明白当兵是不会后悔的,这里会让你成长,蜕变为不一样的自己,当你迷茫自己何去何从的时候,就可以参军报国。再次感谢各位战友,因为你们的坚守与奉献,我们才能有和平幸福的生活。"刘如仙心中所想是那份战友情,肩上所扛是守家卫国的责任。中国军人皆如此。

军营生活对刘如仙来说不仅是一种难忘的经历,更是一盏指路的明灯。"参军入伍,让我更坚定了入党的决心。"作为一名预备党员,刘如仙时刻准备着冲锋在前,继承先辈们敢于负责、无怨无悔的精神。

班级如家,荣辱与共

作为轮越 1701 班班长,增强班级凝聚力成为了刘如仙当上班长之后的首要任务。两年的时间对学生来说跨度还是比较大的,要想消除这个时间跨度还真不是一件特别容易的事。"我的做法是先自我定位,主动去认识周边同学。"同时,班级每个月都会进行一次团建活动,积极组织学生参加学校活动与比赛,为班级争取荣誉。

虽说能做到这些已经很好了,但是刘如仙并不满足于此,针对个别思想抛锚的同学,他会进行单独谈话,开导思想,让班委点对点帮扶,保证不落下一个同学。不仅如此,刘如仙还考虑到每一个同学,"接到学院任务时,会定下负责人,做到人人有事做,每位同学都会接受到任务安排,从而让他们能够在班级中找到自己的价值。"

从部队回到学校之后,几乎没有人认识他。为了和大家更好地相处，刘如仙不仅在换班委之际竞选上了班长，还担任了辅导员助理，与各个班长、团支书协调工作。这不仅让他很快和大家打成一片，而且也让他找到了在部队里的热血与激情。

把被动变为主动，学会学习

两年的军营生活并没有让刘如仙远离书本。生活处处皆学问，即使是在军营中，他也会抽空学习。

"从部队回学校后，自我的意识提升了，知道了学习是为自己所学，学习是让我们学会去学习，成绩是自己学习成果的直接体现。学习没有捷径，只有通过自己的不断努力才能够学有所成。除了老师课堂上讲的内容，更多为自主学习，提前预习好下节课所学的内容，课后针对性复习，同学之间相互提问，看能否完美解答，来检验和巩固学习效果。学习不是学会知识就行了，更是要知道自己为什么要学习，要怎么学习，学会学习。要想明白这点，就要提升自己的思想认知，这也是学习的一部分，因此学习是一个良性循环的过程。越学习，越擅长学习，越热爱学习。

俗话说"活到老，学到老"，学习不是一朝一夕就能够结束的，需要长久地坚持下去，生命不息，学习不止。做生活的主导者，学会解决问题，合理做好大学规划，一步步实现自我价值。学习是为了自己，为了自己的未来，不被社会所吞噬，能有所为。

刘如仙说：不管前方的路有多远，只要克服了恐惧，迈出第一步，敢于去尝试，你就成功了。

将士为国守边关，不守失一寸、不守失一厘

陶项，男，重庆交通大学机电学院 2017 级学生，于 2019 年 9 月从学校参军入伍。2020 年，在某演习活动中表现优秀，获得嘉奖。在 2021 年年度工作中表现优异，获得"四有优秀士兵"光荣称号。

从小就听着家里父辈们在部队里面的光荣事迹，参军入伍的念头在那时候就根植在心里了，成年之后也越发不可收拾。2019 年，我觉得时候已经到了，体检、政审、役前集训，我顺利通过了每一关，终于走出了我"逐梦军旅"的第一步。

2019 年对我来说是至关重要的一年。马上要成为一名军人的喜悦、激动，离开家远离家人朋友的不舍，各种情绪糅杂着，我反而比平时更加冷静。役前集训之后，分兵的结果也大致出来了。我没有太多的想法，毅然决然地选择了西藏。十八军的光荣丰碑像灯塔，暗暗地指引着我。正式踏入西藏应该是 9 月下旬的事了，现在还记得最初以一身戎装面对公众称赞的时候，我脸颊发热。我不太理解"我们只是穿了身军装，为什么会这么受关注？"后来我才知道，中国军人无论什么时候都是中国人民的坚实后盾！他们值得。

"到了西藏的时候，情绪不要太激动，保持心态平和。不要剧烈运动。西藏很美，不要大惊小怪，你们要待的时间还长着。"带兵干部很早就这样告知我们，可是我们一踏入西藏就被眼前的壮阔景象所折服。

新兵连应该是每一名军人最"魂牵梦萦"的地方。食堂、训练场、宿舍，每天三点一线的生活，让我明白这是磨砺，是雕琢，是认识自己的一个过程，是坚定信念的一个过程，是由普通公民向一名优秀军人转变的过程。正如同我在新兵连三个月结束之后的授衔仪式上发言所说的那样，经过新兵连训练之后，我们每个人都变了。我们都意识到小小的军衔里面蕴含着千钧的重量，是守好边防，不守失一寸、不守失一厘的责任。

"没上过哨所，就没办法体验边防的真正艰苦。"这是老一辈边防兵所流传的一句话，当我真正踏上边防哨所的时候我才真正明白"艰苦"这两个字的含义。我所在的哨所由于地势海拔较高，加上常年大雪封山，几乎没有手机信号。让人难以置信的是，唯一的电源是每天限时发电两小时的汽油发电机，这可是整个哨所的宝贝。唯一能与外界联系的方法，是在周末的时候，带上手机，翻越高山，去接收一点微弱的信号来跟家人联系。西藏的天气也是我们最大的挑战，每年12月左右大雪就会降临，我们要趁着冰雪来临前囤积各种物资。听班长们说"积雪最厚可达到1米多"。那就意味着，整整2个月没办法吃到新鲜的食物。因为大雪封山，运送物资车辆没办法通行，只有靠人力去二十几公里外接收连队运送的物资。这些听起来那么可怕，但是亲身经历的时候，也没有觉得有什么难度。因为在顽强的中国军人面前，这些都可以攻克。

我们单位担负着17个山口的巡逻任务，我是全连唯一一个完成了所有山口巡逻任务的义务兵，每一个山口都去过3次以上。我可以很骄傲地说，我用脚步丈量了祖国的土地与山河。然而2021年4月，这是我最后一次执行任务，我因为在执行任务途中受伤没办法继续完成任务，就调离了哨所。最后，也因为表现突出，工作认真，在2021年度评功评奖中，荣获"四有优秀士兵"，我带着荣誉返校归乡。

陶项说：穿上这身军装，我无悔自己的选择和经历，献身国防，我无比自豪。

"赤诚·强悍·务实·担当"将永远成为我的人生信条

　　颜卿,男,四川绵阳人,现为重庆交通大学航运与船舶工程学院轮机1801班团支部书记,于2017年9月从学校参军入伍。参军期间先后担任迫击炮班战士、军械器材员兼文书,先后获得"优秀新兵""优秀义务兵"等荣誉称号,荣获"嘉奖"一次,服役期间参加中央军委临机战备拉动、跨越2018·洮南B军事演习、保障全军"精武-2018"比武等重大军事活动。

　　自2016年9月入学开始,因为慢节奏的大学生活根本没法和紧张激烈的高考相比,于是我终日"盘踞"于宿舍,以至于室友给我起了一个"镇舍神兽"的称号。反观室友则是参加各种比赛荣获各种奖项,这样极大的反差也让我对自己的大学生活产生了质疑,我开始思考真正的大学生应该是怎样的,真正的大学生活应该是怎样的。正当我徘徊之际,我们2016级学生在2017年的7月迎来了大学的一门必修课:军训。在军训中,我们的教官是重庆某军事学院的一名学员,我从他口中了解到了部队的各种奇闻逸事,也知道了部队是一个大熔炉、大学校,在教官的指引下,我在全国征兵网上顺利进行了报名。这也就标志着我开启了逐梦之旅。

新兵的生活虽然很苦,但很值。在入伍后的第一个月,我们开始了5公里越野跑、3公里武装跑、1公里冲刺跑等高强度体能训练,单杠双杠俯卧多管齐下,反复冲坡更是家常便饭,终于有一天我扛不住了。我找到班长谈心:班长,我可能有点坚持不住了,我有点想回家,我原以为我做好了思想准备,但是现在看来我所做的思想准备根本不堪一击,我懦弱、无能、思想懈怠,我不配成为一名合格的军人。说完,眼角泪光闪过。内蒙古的夜晚,星光很亮,我却看不见一点希望。班长见我情绪有点低沉,语重心长开解道:人生路上崎岖坎坷,我们不能总是选择逃避,一味地逃避只会让自己陷入更深的困境,唯有直面它,才能解决问题,军人两个字看起来简简单单,但他左肩担负的是全国人民,每个年代都需要有奉献的人,既然选了这条路,大可不必畏惧未来,你要相信现在的担负,终将成为你的礼物。虽然班长当时的话我没有理解得多深刻,但是至少打消了我回家的念头。在下连之后,我的体能素质明显比同年新兵强太多,新兵综合测评也是排在了30人中的第6名,也荣获“优秀新兵”称号,这一切都是新兵生活给我打下的坚实基础,也为我后来担任军械器材员兼文书打下了思想基础。所以,新兵的生活虽然很苦,但很值。

返校后,我一度沉迷于参军时获得的荣誉,但是很快我就醒悟过来,从军的经历不是我们炫耀的资本,曾经穿过的军装也不是让我们到处去卖弄“涨粉”的工具,军人的荣誉和我们退役后依旧带着的光环和享受着的优待,是无数先辈和现在仍在坚守岗位的战友用汗水乃至生命换来的。脱下军装的我们应该转变思维融入社会,远离浮躁,踏实追求未来,军旅经历只是我们人生精彩的过去,我们不应该只活在过去,我想“退伍不褪色”这句话的含义,就是告诫我们要把军装穿在心中,将我们在部队学到的精神发扬光大,在今后取得一番成就或者为社会做出贡献之时,可以自豪地说一句:我是一名退伍军人。既然已成既然,何必再说何必,于是我立即投入到新的大学生活中,先后主动担任航运学院教官助理、学院学生会安全稳定部部长、班级团支部书记等职务,荣获"优秀学生干部""优秀共青团干部"等荣誉称号,积极发光发热,现已被党组织吸纳为预备党员。在往后的日子里,我将继续秉承原部队训令"赤诚·强悍·务实·担当",以热血与激情迎接接下来面对的所有困难与挑战,毕竟人终向前看,花自向阳开。

颜卿说:我将继续秉承原部队训令"赤诚·强悍·务实·担当",以一种热情饱满的热情迎接接下来面对的所有困难与挑战。

逐梦青春　静待花开

　　曾几何时,你梦到一片花开之地,簇簇鲜艳,芳香迷人。一颗种子在你心中悄然种下,你决定背起行囊,去寻找梦中的花园。

　　这趟旅途坎坷崎岖,你走过颠沛流离,面对彷徨和失望,那颗种子与你共同成长,生根发芽,给予你无畏艰险的勇气和迎难而上的信心。

　　待你品尝过最甘醇清冽的酒,流淌过最沮丧咸涩的泪,浅唱过最触动内心的歌,时间的车轮不停旋转,磨平你的稚气无知,形塑你的思想和灵魂。

　　几经磨炼,你来到了梦中之地,拨开迷雾,轻风微抚你炙热的脸颊,一段悠扬的旋律在耳畔飘扬,那是梦想花开的声音。

不畏前路满荆棘，破茧成蝶梦成真

　　王鑫，土木工程学院茅以升桥梁专业 2020 级学生，2022 年明德奖学金获得者，在大一、大二期间平均学分绩点 4.49，专业排名第一，2021 年和 2022 年连续两年获得国家奖学金，获得 2021 年度"重庆市三好学生""重庆交通大学三好学生""重庆交通大学科学城校区学习标兵"等称号，获得 2022 年度"重庆交通大学三好学生""优秀共青团员"等称号。在学科竞赛上获得市级奖项 3 项，校级奖项 3 项。学术研究方面，在《机械强度》上发表论文《空间交叉内凹蜂窝结构特性研究》。

心之所向,一苇以航

对于一只盲目的船来说,所有方向的风都是逆风。

在填报高考志愿的时候,王鑫因为自己的热爱,选择了重庆交通大学的桥梁专业,在成功被土木工程学院录取之后,他也没有就此停下脚步。"桥梁专业人数是 200 多,那我就进入前 20% 的排名。"他给自己定下学习目标。"既然有追求,那就追求最好的。"在成功分流进入桥梁专业之后,他又申请进入茅以升桥梁专业。凭借优秀的成绩进入茅以升桥梁专业后,他认为自己的潜力还没有完全挖掘,又将目标定为保研。

从高考志愿到保研,他一次又一次地定目标,就像是一次又一次地搭建阶梯,让自己一步步地往人生的更高处迈进。

不积跬步,何至千里

"与其站在原地想自己能不能达成目标,还不如不断前进。"王鑫在大学一直坚持每天早晨六点半起床,然后去上早自习,坚持每周去图书馆四次以上,正是在这一件件普通事上的坚持,成就了他现在耀眼的成绩。一张工图便是一个夜晚,如果你要问他坚持的意义是什么,他会回答:"相比于夜晚的孤独,我更渴望遇见清晨的第一缕阳光,明媚而耀眼!"

王鑫喜欢跑步,他能通过跑步来释放压力,然后又将这种压力转化为动力,激励着自己不断向前。不积跬步,无以至千里,正是靠着一步一步的坚持,王鑫终于破茧成蝶,飞向属于自己的那一片天。

积微成著,方能致远

在同学眼里,他成绩优异,竞赛上成果显赫;课余时间,他喜欢音乐,既可以轻吟,又可以高歌。"就算会有失败,经历了更多,也意味着收获了更多。"王鑫一直在不断地参加竞赛,虽说经历了一次又一次的失败,但是他却在一次又一次地收获。

"虽然我在大一、大二期间没获得什么奖项,但是我收获了好的思维方式。"为了获得更好的思路,他经常和专业课导师交流,忘记吃饭也是常有的事。在参加重庆市力学竞赛之前,王鑫不断地复习基础知识,专心钻研去年的考试真题来训练自己的力学思维。长风破浪会有时,王鑫在这次的力学竞赛中成功地获得了重庆市一等奖,这也是他大学生活中第一次获得市级奖项,但是他并未就此停下脚步,在后续的竞赛中仍然在不断斩获奖项。

只要自己努力过,即使失败,也是美好的回忆。王鑫面对学习和生活一直保持热爱,也希望自己能够保研梦中情校,成为自己最初想成为的样子。不忘初心,才会有一路上面对荆棘时的勇气。

王鑫说:就算会有失败,经历了更多,也意味着收获了更多。

推免农科院的文艺精灵

王涵,建筑与城市规划学院人文地理与城乡规划专业 2015 级学生,重庆市 2019 年普通高等教育优秀毕业生,在校期间获明德奖学金、国家奖学金、美国大学生数学建模竞赛 M 奖、全国英语口语测评大赛(NSEC)本科非英语专业组一等奖、优秀学生干部、先进个人等奖项及荣誉共 30 项,其中省部级及以上奖项 11 项。她不仅活跃在各类学科竞赛中,还与"乡村振兴"研究课题结缘,在推免复试中以专业第一名的成绩推免至中国农业科学院农业遥感专业攻读硕士学位。

王涵说:"世之奇伟、瑰怪,非常之观,常在于险远,而人之所罕至焉,故非有志者不能至也。什么时候才能接触到这样的非常之观呢,我觉得就是明知路途艰险,甚至只剩你一人,但是你就是想去。"

静水流深,沧笙踏歌

"何为真实,取决于你为这片土地所做的贡献。"这是王涵常挂在嘴边的一句话,也是她投身农学的契机。"当时乡村振兴战略正好是农学关注的热门,也是我平时关注的重点,国家对农业方面也很重视,而刚好有个参加农科院夏令营的机会。"王涵笑着说,"一切都是缘分。"

对农学,王涵用"真实"两个字来形容。出生在农村的她,农学给予她最大的应该是心安,乡村系着她的乡愁,农学系有独特的情怀。她说:"我本身就不算是个勇敢的人,一开始觉得科研是一件很酷的事情,现在觉得遥感是个很难的挑战,但想到能为更多人做一些事,或许还能成为我的事业,我就很勇敢。"表面平静的水,水底下却不知道有多深,王涵就是这样态度柔和不张扬,胸中自有万千丘壑。她接着说:"曾经沧海难为水,除却巫山不是云。我终于来到了我的沧海巫山,便是在沧海之上也可吹着笙,跳着踏歌舞,再艰难的环境也可保持乐观的精神。"

人一能之己百之,人十能之己千之

斩获多项竞赛佳绩的王涵,在大一、大二时也是迷茫人群中的一员。当时,她并没有参赛的想法,或者用她自己的话来说就是"我挺怂的"。对后来绩点等各方面的突飞猛进,她也只是把它们当作偶然。在谈到她活跃于各种竞赛中时,她说目前的成绩都得益于大学的一个转折点——英语竞赛。

英语一直是王涵的强项,她和之前的三位英语老师都很投契。她说:"英语老师的人格和英语本身带给我的是鼓励,是纯粹。"这一点对她产生了很大的影响,她也正是由此开始尝试着参加英语竞赛。"当时坚持了一年多的时间,每天早晨去李子湖畔练英语口语,培养了很好的习惯。"回忆第一次为英语竞赛准备的情形,王涵说道。机会总是留给有准备的人,王涵的努力也得到了回报,她回忆道:"拿到奖状的时候,可开心了,觉得自己好像也可以去参加更多的比赛。"这一次的初露锋芒给了王涵很大的信心,后来她就慢慢关注了数模竞赛,从校赛到国赛再到美赛。

我见青山妩媚多姿，料青山见我应如是

本科学理学的王涵十分偏爱历史。她提到，她的乐观和坚持都和历史有着密不可分的联系。曾经的她不勇敢，不前进。"在读历史的时候，会为那里面的人而感动，被精神所感染。历史能感动人心，让人看到希望。"谈到历史对她的影响，她说，"我愿从历史事件与人物中窥得指引，学到智慧，获取力量，看到希望。每个阶段，能给我指引的是不同的历史人物和事件，我和自己的生命历程相互印证，这些都可以教会我很多事。踏上征途时，我的每一个脚印、每一个背影都不再犹豫，不再懵懂，无比勇敢，十分无畏。正如历史学的三大功用，即启发智能、审时度势、感动人心。我见青山妩媚多姿，涌生着探索之心，料青山见我应如是。"

投身科研和比赛的王涵总是热情而严肃，但放下比赛的她又是一个古灵精怪的文艺女孩，除了学习、竞赛、科研，练字、吹口琴、画画、下棋也是其生活的日常。她曾最喜欢的一件事就是在李子湖边吹口琴。她说："湖面吹过来的风很冷，但我觉得是一种享受，因为是我喜欢的事情。"室友称她为"文艺的机器人"。她思维活跃，风趣幽默，总是充满活力，是朋友身边的开心果。回首四年大学生涯，她感觉充实而满足："如果可以，想回到三年前李子湖畔的某个清晨，在认真跟读英语的人旁边的书页里写下这段话：谢谢你背负了我最难的时光，我对你的评价标准永远都是健康、快乐、勇敢。你应该有无数的问题，去历史里，找你的答案去。终有一日，琼林簪花，御街打马。"

王涵说：*每个阶段，能给我指引的是不同的历史人物和事件，我和自己的生命历程相互印证，这些都可以教会我很多事。踏上征途时，我的每一个脚印、每一个背影都不再犹豫，不再懵懂，无比勇敢，十分无畏。正如历史学的三大功用，即启发智能、审时度势、感动人心。我见青山妩媚多姿，涌生着探索之心，料青山见我应如是。*

穿越万水千山,终于遇到你

　　杨氏垂庄,越南太原省人,重庆交通大学人文学院汉语国际教育专业 2017 级学生,专业学分绩点排名第一,在毕业典礼上代表 2020届本科毕业生发言。她还荣获孔子学院总部"一带一路在华优秀留学生"奖励,重庆交通大学人文学院 2019 年首届留学生汉语演讲比赛一等奖及 2018 年贝宁阿波美卡拉维大学孔子学院夏令营"优秀志愿者"等荣誉。

　　收拾好行囊,装上梦想,前往一个新的国度,体验陌生的风土人情,感受不同的酸甜苦辣。2017 年,来自越南的杨氏垂庄来到中国,来到重庆,在交大开始追逐梦想。

嗜之越笃,技巧越工

　　杨氏垂庄与中国的情谊结缘于中国的影视文化。她说,越南小孩也跟中国小孩一样,都是看《西游记》《还珠格格》长大的。在耳濡目染下,自己也慢慢喜欢上了汉语,喜欢汉字的奇妙与动听的发音,并由此产生想要深入了解每一个汉字的来源及意义的想法。

这次留学也是杨氏垂庄第一次来到中国,在谈到自己对中国的初印象时,杨氏垂庄向我们透露,自己之前对中国的认知主要来源于中国的古装剧,所以以为中国还是比较传统、比较古老的。来到中国之后她才发现中国的建设、交通等各方面都非常发达,同时也能感受到千百年流传下来的传统文化气息。

后来,随着对中国文化学习和研究的加深,杨氏垂庄表示越来越喜爱中国悠久的历史和人文,通过学习中国的文化对自己国家的文化也有了更深刻的理解。她说道:"世界文化都是相融相通的,中国文化和越南文化有区别,但也有很多相似的地方。加上越南语中有很大的一部分是借用汉语拼音,了解了中文可以更容易地了解越语的含义,而且越南现存的古代建筑包括寺庙里也保存着很多用古代汉字记载的文献,所以了解了中文也更能深刻体会先辈的思想。"

有些路,只能一个人走

离开自己从小熟悉的国家,跨越千山万水到一个新的地方学习和生活,对于每一个人都是一个巨大的挑战。杨氏垂庄刚来到重庆时也有不太适应的地方,主要就是天气和饮食。重庆的天气,前有晴空万里,后有阴雨绵绵,夏天的烈日炎炎更是让人招架不住。杨氏垂庄谈到,另一个令人头痛的难题就是食物,尤其是食物中的辣椒。辣椒对于不喜辣的外国朋友是一个巨大的挑战,一开始她完全不能吃辣椒,所以刚来时只能吃面包。然而随着逐渐适应环境,"自己现在非常喜欢吃烤鱼和火锅,感觉菜品要是没有麻辣味道就不好吃了。"杨氏垂庄说笑道。

在学习生活之外,杨氏垂庄还有丰富的课余生活。她对中国茶艺非常感兴趣,有时候她会和留学生茶艺队成员一起去泡茶,练习茶艺表演。学习茶艺对她来说是一个修身养性的过程,她认为泡的不仅仅是茶,更是一门学问。

对未来的真正慷慨,是把一切献给现在

对于未来的计划,杨氏垂庄表示希望自己继续在中国攻读研究生,深入研究汉语言文学。为了这个目标,她通过努力将四年的课程提前修完。虽然突如其来的疫情打乱了她的步伐,但她从未停止过追逐梦想的脚步。杨氏垂庄希望自己以后能够成为一名老师,做文化传播的使者,将在中国学习到的知识和中国文化传授给越南学生。

杨氏垂庄说:用自己最大的热情去浇灌,你的脚下总会开出花来。

我的人生，不设限

李未妍，学分绩点综合排名全院第一，学年综合素质测评满分，重庆市优秀毕业生，多次获得"精神文明先进个人"等奖项。保送至北京外国语大学攻读翻译硕士学位（2019 年重庆市成功保送北京外国语大学英语学院的唯一人选，推免面试综合素质测评排名第一）。以全校第二的成绩获英语专业四级（TEM4）"优秀"，公开发表 2 篇学术论文，本科毕业论文获"优秀毕业论文"。

翻译是她的信仰，语言是她的铩载，有趣是她的追求，简单是她的信念。作为 2019 年重庆市成功保送北京外国语大学英语学院的唯一人选，李未妍是"别样烟火"，她可以化着妆烫着爆炸头写诗填词，也可以边听重金属摇滚乐边构思演讲稿。

我的人生不设限

"不要让任何人定义自己。"这是李未妍关于自信的答案。其实，在整个采访的过程中，她说得最多的三个字就是"不设限"——专业学习不设限,去挑战不同的竞赛和翻译工作,去挑战不同的专业领域;职业道路不设限,除了译者,还想尝试作家、驻外记者、人权工作者甚至流浪诗人等完全不同的职业;思想观念不设限,给弱势群体拥抱,为平等、慈善、人权感怀,对心理学、哲学、人类学、社会学满怀好奇与憧憬;未来发展不设限,喜欢北京的古朴京韵,也喜欢香港的千面港味,更想去探索非洲、南美、东欧、中亚的独绝风土。她热爱旅行,踏足诸多城市,目及诸多光影,在一次次的旅行中,她逐渐开始认识世界,也重新开始认识自己。她一个人在稻城穿着旗袍爬雪山,一个人在北海开心晒黑捡贝壳,一个人在菲律宾教堂目睹陌生人的葬礼,一个人在曼谷机场背口译词条,和最好的朋友在拉萨喝酒晒太阳,和一大群旅伴在西安半夜偷爬城墙,和客户姐姐在清迈深夜聊天,和好朋友一起在杭州淋雨看西湖,和闺蜜喝酒碰杯交心……她办事潇洒,行事果断。在口译工作中,她敢接别人不敢挑战的任务,敢做别人望而却步的工作,用漂亮的履历敲开铁门,用实力赢得掌声。

李未妍对世界和社会的看法,有一种"侠女"的感觉——为自己的热爱拼尽全力,对这个世界充满好奇,但同时又无比洒脱、万分豁达。我们期待着,"侠女"的未来鲜衣怒马,星辉一片。

她用自己的选择和经历告诉我们:人生,不设限。

一个可以在闹市读书的"变态"姑娘

她说:"当我打开书和电脑,周遭的一切就与我无关了。"有一次,她在图书馆看北京外国语大学的翻译网课,因深感有趣而笑出声却浑然不觉,直到研友递个小纸条提醒,她才知道自己笑出了声。很多次,她在闹市的街道,捧着喜欢的书读到忘记了时间。

美式英语伴随了她十年,直到大二,学院系主任许可老师的建议以及自身的喜好让她在不报班且没有标准教材的情况下,开始了英式发音的自学之路。毫无疑问,这条路是漫长且艰辛的。李未妍表示:"我自学英音之所以能达到这样的程度,就是因为我会去抠,抠到

'变态'的程度,一个音节一个发音,永远都不允许有'差不多'的存在,永远都不会放过自己。"李未妍可以在一个月内将几分钟的英音演讲视频反反复复听几百上千遍,几乎随时戴着耳机听音频,整个大学生涯她都与中耳炎药水为伴。天道酬勤,如今她的发音已经达到了可以和英语母语者媲美的程度。

为了训练自己在即兴演讲时不怯场,李未妍在熙熙攘攘的路上、在教室,旁若无人地练习即兴演讲,还让研友故意板着脸陪练,进行心理施压来提高训练难度。李未妍说:"我自己平时设计的难度比上场的难度要大得多,所以正式演讲时就没有恐惧了。我的'变态'操作之一就是在比赛前一周,一直边听重金属音乐边练即兴演讲。听着嘈杂的音乐构筑思维体系,寻找高级表达,打磨发音语调,还要嘶吼着说以免被音乐声掩盖。"就是这样自我刁难式的严苛训练,使她迅速补齐短板,不留遗憾。

做到极致,闪闪发光

李未妍不准自己"差不多",不准自己松懈,不准自己言弃,不准放过自己。这个提到英语与翻译就"眼中有光"的姑娘,因兴趣与外语结缘,自此便深耕躬行。

为了实现自己的翻译梦,她披星戴月,争分夺秒。她早晨5点起床,听着窗外的鸟叫写下每日学习计划,刷牙洗脸的时候听听加州电台,在边吃早餐边走向图书馆的路上收听经济学播客,在图书馆与研友奋战到晚上11点,然后听着打气歌,一路用英语自言自语走回寝室。

由夏至秋,由冬至春。她一路坚持,万分热爱。

李未妍说:巧者劳而智者忧,无能者无所求,饱食而遨游,泛若不系之舟。

在勇敢的路上，我遇见了幸运的花

　　彭培洺，地理信息科学专业 2019 级本科生，曾获 2021—2022 学年度本专科生国家奖学金、2021—2022 学年度重庆交通大学明德奖学金、第八届中国国际"互联网+"大学生创新创业大赛全国银奖、全国大中专学生志愿者暑期"三下乡"社会走实践活动优秀团队、第十七届"挑战杯"全国大学生课外学术科技作品竞赛重庆赛区特等奖、第十届全国大学生电子商务"创新、创意及创业"赛重庆赛区特等奖、重庆市普通高校 2021 学年度创新能力提升先进个人等 50 余项校级及以上奖励，主持参与市级以上大学生创新创业训练计划项目 2 项。

远方皆是心之所向

"我就是要证明自己并不差。"高考的失利给彭培洺带来打击的同时也为他带来了动力。起初他以一名地质工程专业的学生进入了重庆交通大学，可是，对于爱好文科的他来说，并不是一件值得开心的事。"地质工程专业对数学和物理等相关学科要求会更高，但我的数学和物理成绩并不优秀，学习起来也时常感到难受。"他分享道。

"从小我就对历史与地理感兴趣，可是为了所谓的好前途，我选择了理科。"当提起回忆里的种种时，他眼中流露出淡淡的遗憾。作为一个竞赛达人，彭培洺从大一起便奔波于各种活动与竞赛中，"顾此失彼的后果便是我的时间精力大都花在了参加各种活动上，而忘了学生的本职工作。"每天看似在认真学习，实则却早已落在别人后面，这导致他的学业成绩并不理想。

自己真的愿意这样下去吗？他开始询问自己。这一次，他做出了一个勇敢的决定——转专业。"对于转专业，我并不是冲动，这一次，我选择跟着心走。"他找到了自己想前往的地方，查询新专业的就业前景、转专业的相关手续，在此期间他做了充足的准备，也更加坚定了自己的选择。成功转入地理信息科学专业后，他开始规划自己的时间和精力，抓住侧重点，开始了属于他的 showtime。

我与勇气携手共进

"当我决定踏上勇敢的道路时，幸运之神好像也开始眷顾我。"为了提升成绩，他每天马不停蹄，凌晨三点的灯光洒在他的书桌前。看着稳步提升的成绩，"我的信念感回来了"。

在学习过程中，他仍没有放弃竞赛。"我的目标渐渐明了，另外竞赛带给我的不只是知晓成绩时的满足感，还有竞赛过程中那股充实感。"对于竞赛，他并不是一味看重最后的结果，而是享受每一次竞赛的过程带给他的感受。

当说起最值得怀念和记忆的事情时,他一直感叹自己的幸运。"我这一路离不开所遇见的老师,他们给予我的帮助是我前进的最大支持力,同时还有温暖的心灵慰藉。"但这一路并不容易,彭培洺需要面对巨大的压力和焦虑,每当心态偏离主线时,他总是来到优秀学长学姐的公示栏前,看着优秀的他们留下的寄语。"我是很吃'鸡汤'的,这些'鸡汤'总能给予我力量与强大的毅力。"当他拥有了面对压力和困难的勇气时,他发现幸运也会降临在他身上,最终,他拿到了属于自己的荣誉。

也许未来没有终点

当问起对于当下的感受,他也毫不掩饰:"我从未想过自己可以拿到明德奖学金,一直以来,那都是我仰望的梦。"对于今天的成就,他很感谢一直以来学校对他的支持和老师给他的帮助。

对于未来的规划,他表示想要投身科研。"对于终点,我并不认为我的未来会有终点,因为我在前进的同时,方向并不单一。"未来始终令他保持期待。

"一定不要违背了初衷,有些路走着走着就容易偏离航道。另外,准备好自己的勇气和底气,放手尝试不一样的事情。"彭培洺和我们分享道。也许幸运之神真的会看到那样勇敢的你,并且来到你的身边,陪伴你一路前行,一路花开。

彭培洺说:一定不要违背了初衷,有些路走着走着就容易偏离航道。另外,准备好自己的勇气和底气,放手尝试不一样的事情。也许幸运之神真的会看到那样勇敢的你,并且来到你的身边,陪伴你一路前行,一路花开。

莫负烟霞，莫误韶华

姚心怡，信息科学与工程学院通信工程 1903 班本科生，中共预备党员。在校期间平均绩点 4.19，学习成绩和综合素质排名均为专业第一，连续两年获得国家奖学金，获得三好学生、优秀学生干部、科技创新、体育活动、文艺活动先进个人等荣誉，在校期间获得国家级奖励 5 项、省部级奖励 7 项、校级奖项 18 项，共计 30 项。参与校级大创 1 项。担任班级团支书，工作认真负责，勤恳热忱；担任静墨斋书画社社长，弘扬传统文化，组织多次活动；作为校田径队的一员，积极锻炼，追求卓越。

博观约取,厚积薄发

即便步入大学,她在学习上也从不松懈。在大学的第一个学期,由于高中学习的惯性,在课程学习和复习中,倾注了很多的时间,在最开始的时候也因此收获了不错的成绩,她相信自己有做到最好的能力,之后也要尽力做好。她始终认为"作为学生,首要任务还是学习。"为此,即便其他任务和比赛再多再忙,她也未曾因为这些事情而耽误自己的学习。

大学离不开自学,离不开自己做出的选择,在这里有很多知识要去汲取,很多事情要去经历。比赛经历中,最开始感觉自己没什么经验和能力,只参加了一些校级、院级的比赛和活动,慢慢获得了一些成绩,她也开始有意识准备和参加更多的比赛,如物理实验、蓝桥杯、数模竞赛等,认识了各有所长的同学,不断磨合、历练,从中得到了不少帮助,学到了课堂上学不到的知识。当然过程中也免不了失败和放弃,汲取教训、总结经验,下次再来或者不来了都是很正常的事情。

尽善尽美,不留遗憾

初入大学,刚刚度过高中的冲刺,面对大学多样化的生活,内心也没有很多笃定的想法,也许是自己的完美主义作祟,无论是在学习中,还是在班级工作、社团工作中,她都会花费更多时间和精力去做到更好,课余的大部分时间用来整理上课的笔记并认真复习,早上准时去领取晨读卡督促自己勤奋学习,准备团建时会询问很多同学的意见,竭尽全力去设计一个完备的方案,汇报用的 PPT 可以花一个下午的时间去做调整……

有时候她会感觉到力不从心,自认为很多事情做得不够好,没达到自己预期的效果,或者做了很多不必要的事情,又或者可能在某个不经意间发生一些过失。在一路的矛盾、纠结和担忧中,回过头来发现自己做的很多尝试和努力都是自己想去做的,不让自己留下很多未曾尝试坚持的遗憾,通过这样跌跌撞撞的过程,她逐渐发现和掌握了做事的分寸和着重点:站在他人的角度看问题,尽量不依赖少麻烦别人,在两年多的大学生活中,她所在的班集体荣获"五四红旗团支部",所在的社团荣获"十佳社团",自己也两次获得国家奖学金,付出得到了认可,让她越来越笃定自己做事的态度和方法。

兴趣+机会=尝试

在大学这样一个多元化平台上,有许多中学时代未曾见识过的独特风景,现在终于有机会参与其中。她从兴趣出发,书画展览、通宵竞赛、参加市大运会、"交大杯"足球赛、架子鼓表演、辩论赛、迎新晚会、钟鹤村志愿活动、团支书演讲比赛等许多活动与体验,她尝试了许多从前好奇但未曾尝试过的事情。

并非每次比赛自己和团队都能获得满意的结果。但正因为在一次次的探索中,她发现了新的兴趣与目标,挖掘到自己更多的潜力,发现了自己擅长的事情,也了解到自己在一些方面的不足,大学生活也因此显得忙碌充实、丰富多彩。

姚心怡说:物来顺应,未来不迎,当时不杂,既过不恋。坚持和努力不会被记录,但会被时间和结果证明。生活这道选择题,用硬币永远猜不出答案的选择题,每个人都会有不同的答案,每个人的答案都无法被复制粘贴。一个答案代表一条路,每条路通往不同的风景。现在,我们要相信自己的答案。

既然选择了远方，便只顾风雨兼程

　　游婧，重庆交通大学经济与管理学院工程造价 2101 班本科生，共青团员。在校期间，平均绩点为 4.39，专业排名第 1，获 2022 年国家奖学金。在学科竞赛上，获得国家级奖励 1 项，省部级奖项 2 项，校级奖项 7 项，其中 4 项已进入下一轮比赛，共计 10 项。少年何妨梦摘星，敢挽桑弓射玉衡。她奋楫笃行，履践致远；她刻苦钻研，厚积薄发；她用行动证明，越努力，总是越幸运。

鲜衣怒马少年时，不负韶华行且知

　　趁青春未老秉烛破夜，当风华正茂闻鸡起舞。对于游婧来说，大学是一段全新的开始，要勇敢尝试未知的事物，让更多的可能性进入自己的世界。接续高中对于学习的热爱，初入大学的她便已确立了心中的方向与目标——读研深造，并为此砥砺深耕，笃行致远。

　　通过多渠道的信息了解，她为自己制定了短期和长期的目标，主要包括学业成绩、学科竞赛、科研能力和领袖气质等。为养成良好的学习习惯，她坚持参与由明德学社协办的湖畔晨读活动。大一时，游婧刻苦钻研,投入学习,保持着课前预习,课上抓住重难点,课后复习,同时有阶段性的归纳总结,让记忆更深刻,知识框架更稳定。因为热爱高数和英语,她对于自己的要求较高,踔厉奋发,正是如此,她的高数在大一下学期取得满分,一年内同时考过英语四六级。

伟大的生物学家达尔文说:"一切知识中最有价值的是关于学习方法的知识。"学习不仅要讲求勤奋,而且更应该讲究方法。关于高效学习,游婧认为"计划是行动的前提,执行才是行动的真谛。"她总是保持着为近期任务制定计划的习惯,把大任务分解,逐步完成。当计划表上每个任务都画上钩号,她心中有一种不可言喻的成就感。养成规划时间的习惯,在精力最好的时间里做重要的事情,这样才能让自己不断成长进步。时间花在哪儿,人生的花就开在哪儿。

千磨万击还坚劲,任尔东西南北风

俞敏洪说过:"我一直向优秀的人靠近,一直追随优秀人的脚步。"那些优秀的人,他们优秀的品质、自律的习惯,还有出色的能力,都会让人耳濡目染、深受鼓舞,忍不住默默努力。游婧在大一下学期积极跟随当时获得明德奖学金的学姐,参加"互联网+"大赛以积累比赛经验。在暑假期间,便开始尝试建立自己的团队参与竞赛,不断坚持与努力,让队伍最终取得了全国总决赛二等奖的成绩。

哪怕是最一帆风顺的巨轮,船尾也一定藏着细小的波澜。游婧第一次也是最难忘的一次竞赛经历,是自己第一次担任 leader 这个角色。在比赛过程中,由于缺乏丰富的经验,而队友又出于各种原因,未能完成任务,甚至后面有人临时退出,种种挫折打击之下,整个队伍差点解散。好在游婧和她的队友用坚持克服了一切阻碍,并在此之中练就一颗强大的内心,直面考验,笑对难题,寻找突破,化黯淡为绚烂,迎来雨过天晴的时刻。通过一年的努力,她拿到了国家奖学金,这无疑是对她的一种肯定与支持,这也将激励她更自信、更有底气地去参加更多的竞赛。

丘吉尔曾有言:"成功是从失败到失败也依然不改的热情",面对挫折,面对付出而没有结果,她依然保持着热情,相信天道酬勤。毕竟,大海里没有礁石激不起浪花,生活中缺少挫折成不了强者。

步履匆匆赶路时,莫忘欣赏好风景

生活中的游婧是一个外冷内热,既社恐又社牛的人。问及理想中的自己,她给出的答案是类似于女强人,"工作能力强,学习能力强,能够独当一面"。其实,在一直以来的努力中,她走的每一步都是在向理想中的自己渐渐靠近。这样的她,把学习工作当作生活的一部分,热爱学习工作,就是热爱生活,利用学习生活充实自己的生活,让自己忙起来,在学习工作中感受其中的乐趣。

一直赶路的人,难免困顿疲乏。游婧表示,事情太多太杂,其实也需要时间休息,就会在饭后抽个时间在湖边散散步,在繁忙的学习之余用音乐来调剂生活。每当歌声缓缓响起之时,她便尽情享受旋律抚慰灵魂时的那种愉悦感,仿佛找到了一块心灵净土以便躲一躲外面的喧嚣,能为自己在苍凉的世界面前涂上一层快慰的色彩,并迷醉其间而忘记周遭的烦恼。海德格尔说:"人安静地生活,哪怕是静静地听着风声,亦能感受到诗意的生活。

没有一朵花,一开始就是一朵花。成功都不是一帆风顺的,在每个人光鲜亮丽的表面之下,背后总是藏有道不尽的辛酸故事。但既然选择了远方,就应该接受一路上的颠沛流离,并且学会去欣赏一路上的风景,让未来揭晓那些远方,伤口的勋章会变成永恒的序章,时间会证明努力终将得到回报。但行好事,莫问前程。

她追寻着光,心存希冀,追光而遇,目有繁星,沐光而行;也希望她能成为光,散发光。逐梦惟笃行,奋进正当时。越努力,越幸运!

游婧说:计划是行动的前提,执行才是行动的真谛。

不忘初心，砥砺前行

　　黄欣悦，重庆交通大学经济与管理学院工程造价专业 2018 级学生，成绩优异，综合素质排名四年保持专业第一。连续两年获得国家奖学金；获得重庆市文体活动先进个人和重庆市大艺展先进个人荣誉称号；荣获全国排舞总决赛一、二、三等奖、全国英语写作大赛三等奖、重庆市大学生艺术展演比赛二等奖、重庆市排舞大赛第四名、全国大学生数学竞赛重庆赛区三等奖等 29 项奖项及荣誉，其中省部级及以上 15 项；组织创新创业项目 1 项。工作方面，担任班长及校团委文体部部长，组织和带领同学们开展各式各样的活动，积极为同学们服务，具有较强的工作能力。同时，还积极参加学校各种志愿活动，充实自己的学习生活。

三人行，必有我师焉

　　这句千年传承的话语，我一直铭记于心。时常向每一位比自己优秀的同学学习,将他们作为自己的榜样和前进的目标,以弥补自己的不足,改正自己的缺点。与榜样为友,一起学习,一起工作。始终保持一颗谦虚之心,学无止境,勇往直前。

骐骥一跃,不能十步;驽马十驾,功在不舍

荀子曾说,"骐骥一跃,不能十步;驽马十驾,功在不舍。锲而舍之,朽木不折;锲而不舍,金石可镂"。我深知,自己并没有优于常人的聪慧天资,但幸运的是,我愿意比别人更加勤奋。早上7点出门,奔赴教室或图书馆学习,努力构建自己的专业知识体系;晚上10点半在星辰相伴下回到寝室。

不念过去,不畏未来,活在当下

这一直是我学习生活的心态。这样的心态敦促我静下心来做好每一件事情。每当在学习的时候,始终保持心无杂念,认真完成好当下的学习任务。

时间很宝贵,没有那么多的时间抱怨过去的不顺,没有那么多的时间忧心未来的种种,只有认真对待当下拥有的一些有限的时间,做好当下每一件事情。

不忘初心,方得始终

我从未放弃自己的舞蹈爱好,先后加入学生艺术团和校排舞队,多次参加大型校内外的文体活动。这不仅是一种对繁忙学习的缓解,更重要的是,能够结交到更多优秀的朋友,自己的见识也能够打开。

黄欣悦说:在失落的时候,用初心鼓舞着自己勇敢前进;在迷茫的时候,用初心照亮前行的路;在骄傲的时候,用初心提醒自己戒骄戒躁。

玫瑰即玫瑰，花香无意义

　　来自 2018 级艺术设计学院视觉传达设计专业的洪烨欣，凭借独树一帜的绘画风格和审美特点，与众多公司、品牌合作。

　　洪烨欣第一次得到圈内人的认可是在 2019 年，那是她认真钻研插画的第一年，当时，她也不过刚读大二。这样的高起点是很多插画师一生无法到达的高度，何况这份成功来得看起来如此轻松。

"因为喜欢，很多事情做起来水到渠成。"

"我从小就学画画，但也只是出于兴趣随便画画而已。后来为了参加高考，才在高二的时候系统地学习，只不过那些只是应试美术，算不得什么。我也向来不会把自己逼得太紧，所以刚上大学的时候我心想高考终于结束了，就撒了欢儿地玩，平日里仅仅是一些基本功练习，没想过成为插画师，更没想过后来可以被这么多人喜欢。"洪烨欣最开始画插画是出于一个很简单的理由：大二的时候买了平板电脑。对她而言，用平板电脑画画是一件很方便的事情。洪烨欣每天都会去看自己喜欢的艺术家的作品，一边培养自己的审美，一边努力地画画，只要有灵感就画，就像作家写小说一样，无论想到什么都先写下来。

洪烨欣的作品在微博、小红书发布以后没多久，国内知名说唱歌手 NINEONE 乃万提出邀约，为她的新专辑设计封面。渐渐地，合作的人越来越多，也从一开始的插画约稿，到后来参与美国潮流品牌 CLAWMONEY 设计、丹麦知名品牌 Jake Jons 设计、浦东图书馆插画形象设计、爱奇艺 FOURKRY 插画设计，以及参加上海时装周，成为时尚新锐设计师。

洪烨欣绘画风格有很多，从美式到矢量都有涉猎，但她被市场接受的最重要原因，就是她自创了独一无二的"洪式"绘画风格，用她自己的话形容就是颜色活泼且大胆，这与洪烨欣的性格不谋而合。"一个人的画风或许就是会和自己比较像。"听起来这是一个"别人花十年也无法形成个人画风，她用一年时间就获得了市场认可"的天才故事，但其实是因为在作品背后，她本身就足够个性鲜明，所以，与其说合作伙伴看中了她的画风，不如说市场更青睐有个性、有特点的年轻人。

成为一个被市场接纳的人，是大多数创作者的梦想，但对于那些追求艺术性的人来说，商业总会模糊艺术的定位。不过在洪烨欣看来这并不重要："因为我暂时还不想成为艺术家，我认为这也是甲方喜欢我的一个特征——保留自己发展的空间。"在洪烨欣这里，很多冲突甚至尖锐的问题都迎刃而解，仿佛辩论赛上正反双方正要激烈交战，而洪烨欣却从中间溜达过去，然后笑嘻嘻地回头对大家说："不好意思，我就是路过。"

"不想成为艺术家，也许会当一个厨子。"

洪烨欣最近的打算是去意大利布雷拉美院继续深造，但她也表示还有可能会去新西兰尝试摘摘樱桃："我还报名了一个去澳洲打工的旅游签证，这个是抽签制，结果我就被抽到了，所以理论上说我还可能去澳洲逛一圈。"对于未来的打算，她有很多设想，但却没有一个定论。"我只是想着趁现在还没有结婚，父母也还年轻，压力没这么大的时候，多去看看世界。"在过往的采访中，我们试图通过许多优秀学子的亲身经历，为正在迷茫的同学们提供一些见解，但洪烨欣可能为依然在迷茫的年轻人们提供了一条崭新的路——让热爱创造价值，而不是用现实捆绑梦想。

诗人博尔赫斯曾被问及诗歌的意义，他只回答："玫瑰即玫瑰，花香无意义。"洪烨欣也是如此，好像从不过度解读某件事情或者人生，所以她总能用她独特的、活泼的、大胆的形象热爱世界，毫不抱怨，就如她笔下的人物一样，美得有力量。"三八国际劳动妇女节到了，希望每一个女生在人生的每个阶段都可以做自己想做的，因为独特或许更容易遇到属于自己的'伯乐'。"

洪烨欣说：要快乐，要贪玩，要为梦想和热爱而前行，才不要囿于厨房、与昼夜。

有条不紊，做自己的大艺术家

　　他是校园一角里捧书研读、攻克难题的求学者，也是各大美景里用脚丈量、用眼记录、用心感受的旅行者；他是静下心来潜心绘画、醉心设计的创作者，也是各大聚会上欢乐气氛的营造者。他就是来自艺术设计学院的李祺隆，让我们一起走近这位优秀的交大学子吧！

分清主次，合理规划

　　李祺隆，攻读于艺术设计学院视觉传达设计专业，成绩优异，四年来专业排名总是名列前茅，在校期间平均学分绩点为 4.18，综合素质排名也是全年级第一。不仅如此，他还参加了许多的比赛并且取得了十分不错的成绩,将其称之为"别人家的孩子"一点也不为过。

当我们问到在参加这么多竞争激烈的比赛的同时,还能保持专业成绩优异的秘诀是什么的时候,李祺隆开玩笑说自己不过是时间管理大师罢了。笑过之后,他淡淡地说出八个字:"分清主次,合理规划",即合理地分配时间,分清主次,以专业课程为主,其他为辅,能参加的就尽全力参加,时间冲突且无法兼顾的情况下,就选取相对重要的事去做,很多事情是无法两全其美的,把能做的做到最大化,给自己一个问心无愧的交代就可以了。李祺隆是这样说的,也是这样做的。四年来,他践行着这条秘诀,一步步走向了更优秀的自己。

把艺术融入生活,把生活过成艺术

当我们问到是否有喜欢的艺术家时,李祺隆不假思索地提到中国本土的漫画插画师——我是白,这位插画师的作品具有很强的叙事性,这也是李祺隆最喜且受其影响最深的地方。"他的所有作品都是黑白的、无声的,但是他就通过几张图片或小视频,说明一个道理,或是一个意象。当我们看到他的作品时,我们看到的是故事,而非他画面中的虚象。"也正是受我是白的影响,谈到艺术灵感时,李祺隆表示,"艺术源于生活也高于生活",虽为老生常谈但却有其道理。李祺隆不太喜欢所谓"灵光一现"这种虚无缥缈的方式,他更倾向于通过现实或网络上的调研获取数据之后,再去分析并从中抓取关键词,在这个过程中一定会有灵感产生。不难发现,李祺隆跟我们聊到艺术时,整个人是鲜活而生动的。

李祺隆的生活也是充满艺术感的,他喜爱绘画设计,认为自己拿起画笔时是最自信也最有魅力的时候,说着兴致勃勃地向我们展示了他的作品。李祺隆说自己是不能停下来的人,他喜欢旅游,乐于用自己的脚步去丈量这个世界,用心去感知这个世界的美感。他认为旅途中的自己好像更能静下来,那是一种来自这个广阔的世界给予的宁静,让他更能触摸到这个世界的艺术所在。

人生短短，感谢相遇

李祺隆告诉我们，大学四年，他收获满满，有学业上的专业知识、比赛中获取的实践经验等，但最为可贵的，是一路走来良师益友的陪伴与鼓励。"我印象中最深刻的比赛是大三时参加的'互联网+'，当时正处疫情期间，决赛临近的那段时间里，我们熬夜准备答辩，导师也一直陪伴着我们，给予我们力量。"那段时间，李祺隆收获的不止是令人满意的比赛名次，还有并肩作战的伙伴与珍贵的友谊。

人生如同攀登，有高峰也就会有低谷。李祺隆也有状态不好的时期，值得庆幸的是，他的身边总有一直陪伴着他、听他倾诉、也愿意拉他一把的老师和朋友。被问到想对他们说些什么时，李祺隆郑重地说："感谢相遇，有你们真好。"

李祺隆说：大学四年说长不长，说短不短，请一定要努力学习，不负韶华，未来是属于你们的！

已是完美开场，唯愿路上有熠熠光辉

校学生会主席团成员、重庆市"三好学生"、重庆市"优秀本科毕业生"、国家奖学金获得者、明德奖学金得主、保研至暨南大学……在同学们和老师们眼中，人文学院旅游管理专业 2017 级的吴燕妮，有着多重身份和标签，然而她对自己的认知和定义却十分简单。"我只是个普通人，只是比别人要多努力一点点。"她的置顶微博一直是同一句话，"如果有一天，你发现我在平庸面前低了头，那么请向我开炮。"

扎实学习，认真规划

吴燕妮提到，在学习的过程中，要注重复习，及时总结和复盘近期所学的内容，跟着老师的节奏认真学习，当我们足够认真时，成绩自然会变得优秀。她表示一开始自己在保研或者出国这两个选择上徘徊，后来由于遇到疫情无法出国，她便选择了相对稳妥的保研。

"对于大一和大二的同学们来说，可以先考虑自己是否能够达到保研的要求，从绩点、英语成绩、科研竞赛等方面着手突破，提升自己的核心竞争力。对于大三的同学们来说，这个阶段基本上能够确认自己是否有保研的资格，可以好好地去准备自己的专业课复习、推免文书撰写和面试等。"说到保研，她表示自己的保研历程经过了大约8个月的时间才得以尘埃落定。

提到自己保研过程中难忘的事情，吴燕妮表示，在去年疫情期间，申请院校投简历环节自己稍有劣势，几乎都被拒绝了，心情一度比较低落。但比较幸运的是，她顺利地拿到了北京第二外国语学院夏令营的"优秀营员"，从专业的角度上来说，这是一个很棒的机会。但是由于一些自身未来规划的原因，她做出了一个慎重的选择——放弃这个优秀营员的保研机会。

因为疫情的特殊原因，面试从线下转到了线上，这导致去年的保研竞争十分严重，两极分化比较明显，优秀的同学们挤占了很多名额。"对于2022年想要保研的同学们来说，也可能会是这样比较艰难的处境。希望大家都提前做好保研的准备，最终成功上岸。"吴燕妮对学弟学妹们寄予祝福。

交换实践，提升自我

吴燕妮曾在新加坡南洋理工大学参加过为期十天的海外研学活动。在这次实践中，令吴燕妮印象比较深刻的是一次课堂上的小组合作作业。国外的课堂上小组合作是常态，课桌也以圆桌居多。当时那堂课上老师布置了一个以"团队合作"为主题的小组合作任务——用一百根吸管搭模型,看哪一个小组的模型可以搭到最高。当时同样来自交大的同学们围坐在一桌,尽管彼此相处时间并不长,但氛围却十分融洽,成员们都各司其职,尽力地去达到目标,而不是以"划水"和敷衍的态度草草了事。吴燕妮回忆时说当时的感觉让人热血沸腾,尤其是团队成员之间的头脑风暴和默契配合。虽然在后半段模型倒下了,他们最终没有获得第一名,但当时大家团结合作的氛围令她印象深刻。

吴燕妮面对工作时认真负责,一次在重庆大学的工作交流经历给她留下了深刻印象。在那次工作交流中,他们是抱着吸取开展学生工作相关经验的目的前去学习的,因此着装相对自由休闲。但到了会议场地,对面重庆大学学生会相关成员不仅全员着正装出席,所准备的PPT内容详实、图文并茂,桌上的会议资料也装订成册,摆放整齐。吴燕妮表示,双方从敲定会议举办时间和内容到正式举办会议之间的时间是很短暂的,而重大学生会能在如此短的时间内做出这样一套完善的会议方案是很不容易的,这也从侧面反映了他们突出的工作能力。

会议中,重庆大学学生会提到他们有一个特色活动——提案大赛,同学们可以向学校相关行政部门直接面对面提意见:自己在学习生活中发现了学校的管理存在着什么问题,应该怎么解决等等,最终落实成为一份详细的解决方案。"很难能可贵的是他们真的会把大家所提出的有建设性的方案落到实处,把方案落地的这一过程是非常让我敬佩的。"提到这一活动,吴燕妮如是说。除此之外,许多在其他学校由校外机构承办的活动,在重庆大学则几乎全部由学生会来承办,这不仅扩大了学生会自身的影响力,同时也更有利于活动本身的开展和落实。在交流的过程中,吴燕妮还表示:"他们的活动系列化和品牌化也做得很好,做出了许多'招牌活动',自己学到了很多。"

心有榜样,一路向前

吴燕妮回忆起自己大一时参加的"互联网+"大赛,自己当时没有任何比赛经验,也算是"一时冲动"组队参加了比赛。从最初确定选题,到之后完成商业计划书,几乎都是小组成员们通过"头脑风暴"想出来的。虽然当时的比赛对他们来说有很大难度,但他们依旧凭借着一股"初生牛犊不怕虎"的胆量和冲劲,取得了校决赛的资格。

临近比赛前夕他们却遇到了一个棘手的问题——他们之前所做的方案被指导老师几乎全盘否定,原因在于导师认为目前的方案可行性不高,要求替换研究对象,而这时距离商业计划书提交仅剩最后一周的时间。在进行紧急小组商议后,吴燕妮做出了一份冒险的决定——在保留原有方案的基础上,按照老师的建议更换研究对象再做一份商业计划书,由于时间紧张,那一周没有队员敢休息片刻。而在最终上交的两个版本的计划书中,反而是他们之前的方案成功"突围",入围了校选赛,这也让吴燕妮庆幸自己当初冒险的决定。

作为校决赛里唯一一支全部由大一同学组成的队伍,他们感到十分自豪和荣幸。而这次比赛的成功"案例",也为她之后参加各类科研竞赛奠定了坚实的基础,让她对参加比赛充满了期待和热情。

谈及获得明德奖学金的时候,吴燕妮表示得知获奖时心情十分激动。"获得明德奖学金可以说是我大学阶段最大的一个目标了。在我大二的时候,我们系里的一个学姐也曾获得明德奖学金,她是我的学习榜样,对我的影响也很深。她现在就读于暨南大学的新闻传播专业。我大二的时候看见食堂门口的宣传栏上有她获得明德奖学金的介绍,每次去吃饭的时候我就会去看看她的相关介绍。"

对吴燕妮来说,学姐一直以来都是她各方面的榜样,她十分敬佩和喜爱这位学姐,受其影响,最终她也选择了暨南大学作为保研目标院校。正是因为大二的这次契机,给了吴燕妮努力去获得明德奖学金的动力,也给了她不断完善自身的奋斗目标和勇气。

　　"我一直想向她靠近。"吴燕妮表示，这位优秀的学姐成为了她大学生活的榜样和目标。成功拿到明德奖学金之后，她曾激动地给学姐发了私信，向学姐表达了对她的喜欢和崇拜，同时也收到了学姐的鼓励和祝福。"当时的感觉就像是追星成功一样，特别激动，就像拥有了全世界。"

快乐输出，艺术生活

　　"输出比输入更解压，我很喜欢输出，比如聊天。当我在图书馆或者教室学习了一整天，没有说话的时候，会感到非常疲惫。所以我会在晚上找一些好朋友聊天，说话对我来说就是一种很好的解压方式。"她说自己会在有灵感的时候分享给自己的好朋友，也会和他们分享生活中的美好瞬间和自己的喜怒哀乐，她表示这个"输出"的过程对于她来说也是个解压的过程。相应的，她认为，"玩手机并不是很好的解压方式。"吴燕妮认为在这个过程中，身体依旧处于"信息输入"的过程，其实我们还是在接收信息，大脑的负担并没有减轻。"学累了之后，与其玩几分钟手机，还不如出去走一走或者直接睡一觉，这样才能真正让大脑得到休息。"大一大二的时候，她会定期运动，坚持跑步，每周抽出三四天的时间去操场跑几圈，放松自己。"跑步对我来说是一个非常畅快的过程，因为在跑步的时候我会忘掉自己所有的烦恼。"吴燕妮表示，到了大三大四，由于学业繁忙，没有再定期运动，但也会集中时间去健身，让自己保持良好的身体状态。

　　提到兴趣爱好，吴燕妮表示，"其实我的爱好还挺多的，大一的时候参加过书画社，因为小时候学过一段时间书法和绘画。摄影、逛展这些我都很喜欢，平时没事还喜欢研究穿搭。"她告诉我们，因为共同的兴趣爱好，她还结识了一位马蒂亚斯学院的好朋友，毕业的时候还受邀参加了这位好朋友的毕业设计展。

完美开场，再接再厉

　　"做得很棒！"这是吴燕妮想对大学四年来的自己想说的话。

"在大学里我获得的一切,基本上是我所预期的最好的样子,在四年里我基本没有荒废过自己的生活,每个瞬间我都过得很充实。在中间可能确实会有一些迷茫时刻,就像大三时经历的失恋,我也曾不知所措。"但现在回忆起那段时光,吴燕妮却说"其实那也不算荒废,是我们人生中总要经历的一段成长的岁月。从那段感情中走出来后,自己也成长了很多,也学会去接受一些生命中的不完美。"

吴燕妮说: 自己做得很不错! 已经很努力了! 未来继续加油!

怀赤诚心行稳学业路

刘佳豪,我校外国语学院英语专业 2019 级学生,中共预备党员,2022 年明德奖学金获得者。在校期间平均学分绩点 4.04,综合测评连续三年位列专业第一,曾获"重庆交通大学三好学生""重庆交通大学青春榜样优秀共青团员"等多项荣誉称号;在学科竞赛方面获得了国家级、省部级等多项奖励,发表两篇学术论文。目前,刘佳豪已保送至广东外语外贸大学。

行稳:心怀坚定,一步一印

初到学校时,刘佳豪就定下了和同学们一样的目标:努力学习,本科毕业后继续深造。他想通过考证提升自己的专业能力，以考促学。行胜于言，在大学四年里，他一步一步地落实着自己的想法，"当时我参加了学校举办的晨读活动，每天早上都会列好当天要完成的学习任务，比如阅读外刊、记新单词等"。

他始终怀揣着对自己专业的兴趣，"当时想做一名翻译，觉得能够熟练运用两门语言很酷，英语又比较擅长，就选择了外语专业。"对英语学科的兴趣和持之以恒的努力并没有让他的学习生活一帆风顺，"先是出现厌学的心理"，当时他在参加的笔译和口译考试中都未能取得好成绩，这给他带来了一定的打击，让他一度觉得自己不适合走这条道路，"但是后面在网上看到很多经验帖，发现大家都是经过长期的练习才有一定的成绩，便开始重振旗鼓，一步一步地开始练习翻译，虽然现在还没有什么等级考试来检测，不过我觉得自己是在进步的。"再次谈到以前的困难和心路历程时，他哈哈一笑，"只要自己有目标，道路虽然漫长曲折，但是我觉得前途是光明的。"

在刘佳豪看来，积累是学外语的唯一途径。在参加英语辩论赛这种难度较大的口语类比赛时，他总是抱着试一试的心态。"抽到题目后备赛的五分钟里，脑中没太多的相关话题知识储备，当时就意识到了平时积累的重要性。"大三通过校内选拔参加英语写作大赛时，他成功成为重庆市参赛的两名英语专业本科生之一。"在备考的过程中，我广泛搜集议论文写作的方式，积累了许多素材，最后做到了表达中不含废话，观点输出有逻辑。"

一步一印，即使成功前进的道路漫长曲折，只要一点一滴地积累，心怀坚定不动摇的目标，前路就会一片坦途。

赤诚：共同温暖，各自发光

在谈及大学生活时，刘佳豪认为大学最重要的就是保持真诚，"只有自己用赤诚之心对别人，别人才会这样对自己"。他用一颗赤诚之心对待朋友、老师和家人，在爱与温暖中成长。

在保研的时候,很多人可能都想着闷头苦干,自己一个人申请,但刘佳豪和他的朋友们秉持着信息共享的原则,"有什么院校公布了信息,我们就互相通知,一起申请,相互鼓励,给彼此要去的学校提意见等等。"

在参加和自己专业关联性较低的全国大学生商业精英挑战赛时,由于不懂专业性问题,他只能硬着头皮去学。前前后后查了各种资料和课程,可是心里还是没底,有点气馁。"队友们都很鼓励我,帮我整理笔记,我就在比赛前反复复习这些知识,他们帮我请导师模拟面试,最后完成了比赛,拿下全国一等奖的成绩。"

"学习如逆水行舟,不进则退。"即使获得了明德奖学金,他也仍旧反思着自己的不足,对未来的自己期许着:"时刻保持上进心,争取能够一直进步。"他希望自己在以后的学习和生活中能够保持现在的心境,不急不躁、循序渐进地向前走,拥有丰富多彩的未来生活。

他的真诚与努力使自己与身边的人共同温暖着彼此,在各自人生道路上闪闪发光。他终将成为不畏山高路远的跋涉者,一览山川回赠的奇绝景色。

刘佳豪说:只有自己用赤诚之心对别人,别人才会这样对自己。用一颗赤诚之心对待朋友、老师和家人,在爱与温暖中成长。

不甘平凡　为梦而"创"

从前的日子过得慢，车、马、邮件都慢，一生只够爱一个人。

如今的时光走得快，风、雨、花开花谢都快，一场青春只够做一个梦。

没有梦点缀的青春，走不出一段旖旎的旅程；没有拼搏过的梦想，画不出一座金色的城堡。

创业不是一场风花雪月的美梦，而是一座异常艰险的独木桥。只有坚定不移地前行，脚踏实地地拼搏，沉着冷静地观察，灵活机智地应对，才可能获得立足社会的名片。失败和打击是一份难得的礼物，像跳一曲芭蕾，想在竞争激烈的舞台上完美地展示，需要凝聚无数次跌倒后重新站起的勇气，方可找到平衡点，旋转出优雅的弧度。

厚积薄发，创业成功并非一朝一夕之事。昂着头去承接世事无常的洗礼，低到尘埃里去沉积、发酵。岁月变迁，四时更替，却把最初的理想磨砺得越发闪亮。

嗅出环保节能商机，一年"省"出 1 000 万元

2014 年 9 月 27 日早上 6 点，23 岁的刘倍鑫在琢磨如果将街边的路灯都改造成节能灯具将节约多少电费。别小看节能灯具，它为刘倍鑫这个刚毕业的大学生"省"出了 1 000 万元的商机。

2014 年 6 月，刘倍鑫从管理学院（现经济与管理学院）物流管理专业毕业。他没有像其他同学一样去找工作，因为他已是两家公司的执行董事，分别经营节能照明设计安装工程和照明器材渠道批发业务。

物流管理专业的学生，为何会搞节能照明？刘倍鑫说，大一时，他在报纸上看到关于节能照明的报道，很感兴趣。他觉得节能环保是今后发展的大方向，肯定蕴藏着巨大的商机。

上大二后，刘倍鑫注册成立了重庆凯博瑞能照明工程有限公司（以下简称凯博照明）。他带着从母亲那里借来的 5 万元，与"发小"彭淞一道，打算代理销售韬播节能灯具。

"当时对方看我们年轻、没经验、资金也少，根本就不搭理我们。"刘倍鑫说。为此，他们跑了两趟广州，给负责人打了无数次电话。终于，他们的诚意打动了对方，将代理权交给了他们。

为了不耽误上课，刘倍鑫只能在周末前往主城区各大灯具市场

与经销商谈合作。"我们向客户介绍产品,分析节能效果,用数据展示我们的产品所能创造的利润空间。"刘佶鑫说。

大二暑假,刘佶鑫将商业"战场"转向重庆的各个区县。在 1 个月内,他们跑遍了重庆的所有区县,行程共计 7 000 千米。他们白天跑市场,与商户谈判,晚上整理客户资料,挑出有合作意向的客户,第二天进行回访。

2012 年 10 月,经过 7 个月的努力,凯博照明由最初的 3 家经销商发展至 45 家区域经销商,他成为重庆地区独家总代理。

节能灯具是一个竞争很激烈的市场,在代理过程中,刘佶鑫想:"我能不能自己设计一套节能系统?"

2012 年 12 月,在学校老师的指导下,刘佶鑫和同学提出了"高校楼宇照明系统节能改造可行性研究"课题,并成功申报重庆市"大学生创新创业训练计划"应用推广课题。

如何把研究成果用于商业经营? 刘佶鑫想出了一个办法:为合同单位免费设计、改造照明系统,在未来的 3~5 年中,节电省下的利润由施工方与合同单位共享。

但这是一单投资大、回报慢的生意,面对单个项目动辄上百万元的投资,刘佶鑫犯了愁。

在朋友的介绍下,重庆市宕渠科技有限公司(以下简称宕渠科技)向刘佶鑫提出了合作意向:由刘佶鑫的凯博照明提供技术服务,宕渠科技负责提供项目资金和安装工程。

这样的免费服务让刘佶鑫的项目很快得以实施,如南岸区人民医院、阆中市中医院等都装上了刘佶鑫的节能系统。

2013 年年底,刘佶鑫成功控股宕渠科技,将目光放在了医疗、高校照明用电系统光环境的优化和节能上。公司的运营模式不仅省了电,也为刘佶鑫"省"出了效益。

刘佶鑫说:我没有特别的本领,只是喜欢琢磨,琢磨好了的事情就去执行。创业中,我就要做一个积极的思考者和执行者。

看这个大学生的三年创业路

重庆交通大学南岸校区有这么一个餐馆,它向学生提供农夫过水鱼、热果酒等家常菜和酒水,食客还可以在那里免费唱歌、学手工花制作、观看球赛直播。这是学校毕业生宁瑞忠开的一家"青年菜馆"(现名为"无届青年菜馆")。与一般的餐馆不同,除了卖吃的,宁瑞忠还在餐馆里举办各种分享会,将其打造成一个工科男青年的聚集地,深受学生们的欢迎。

工作一年后开办网络超市:满 28 元免运费,亏惨了

笔者在"青年菜馆"看到店里生意兴隆。老板宁瑞忠满面笑容地说:"这回,我们的创业真正走上正轨了。"可是,只有宁瑞忠知道,为了这个"正轨",他和伙伴们付出了怎样的代价。

占地 150 平方米的"青年菜馆"紧邻重庆交通大学慧园家属区,这个店投资近 20 万元,宁瑞忠、王伟、杨毅几兄弟东拼西凑才坐上股东的位置。为了省钱,四面墙的粉刷工作都是他们自己完成的,现在还能看见墙面涂抹不匀的痕迹。但宁瑞忠很满意:"我们当时特意选了这种淡淡的黄色涂料,看上去温暖一些。"

在 2013 年开办这个"青年菜馆"之前,宁瑞忠还开过"宅小二网络超市""宅小二水果店"。三年开了三个店,第一个店亏了,第二个店刚刚保本。

宁瑞忠是重庆人,2009 年毕业于重庆交通大学涉外土木工程英语专业,但他对英语和土木工程都不感兴趣,他更喜欢设计和管理。毕业后,宁瑞忠一边在渝北一家触摸屏公司做营销,一边和高中同学王伟做某款游戏的线上推广活动。

宁瑞忠工作一年就辞职了。他当时觉得自己已经掌握了营销、管理的基本知识。他和王伟发现许多年轻人都懒得去超市买东西,他们决定开设一个网上超市。经过一番考察,2011 年 2 月,"宅小二

网络超市"开张了。

超市吸引顾客的地方是承诺满28元免运费,30分钟内送到。宁瑞忠当时一个人租住在重庆交通大学校园内,他把客厅当仓库,还雇了两个兼职生帮忙送货。因为成本太高,超市开业后每个月都亏损,在坚持了一年以后只得关门了。

开办水果实体店:樱桃没卖完,吃撑了

不久,宁瑞忠和伙伴王伟又将目光从虚拟网店转到实体店。"宅小二水果店",这个占地30平方米的水果店于2011年3月开在重庆交通大学知园男生宿舍一楼。

小店兼理多种业务:卖水果、干货、杂志,驾校招生代理和拍免冠照。刚开业时门可罗雀,第一个月他们几个同伴每人的工资只有200元。

有一次,他们购进了一批樱桃,卖了一天还剩下好几斤。樱桃成本比较高,他们舍不得扔掉,宁瑞忠一个晚上吃完了5斤樱桃,完全不用吃晚饭了。

每天早上天刚亮,宁瑞忠就要去菜园坝进货。一筐筐新鲜的水果在搬运前要仔细清点数量,他们经常从早上四五点一直忙到晚上十一二点。他们用优质的水果和实惠的价格渐渐赢得了学生的口碑。店里还摆放有公平秤,承诺绝不缺斤少两。

这个水果实体店,生意虽然还可以,但是除去成本后几乎没有利润,在艰难维持了一年多后也关门了。

打造"工科男"的青年菜馆:一场球赛,它火了

事实上,开水果店并不是宁瑞忠理想的创业项目。一直以来,他都希望能开一家餐馆,把志同道合的青年们聚到一起,可以聊青春、说梦想。

2012年3月,"宅小二水果店"还在经营之时,"青年菜馆"就开张了。

这家餐馆是专门为"工科男"量身打造的。餐馆提供分量足、价格实惠的家常菜,食客还可以免费唱歌、观看球赛。但在刚开店的半个月里,生意却很冷清,打算在校园这块"餐饮宝地"拔得头筹的宁瑞忠心慌了。他举办了一场"徒步旅行分享会",邀请圈内的徒步达人到店里和大家分享经验,还在世界熄灯日举办"情侣烛光晚餐会",通过这些活动来提升餐馆的人气。

2014年5月的欧洲冠军联赛决赛让餐馆真正"火"了。本身也是足球迷的宁瑞忠瞅准了这次商机,他当天推出了"夜啤酒"活动,巨大的红色灯箱上闪烁着"观看欧冠,酒水9点后优惠"。他现在还清楚地记得,比赛是凌晨2点45分开场的,但下午5点店里就已经坐满了人,有些吃过饭的人前脚一走,早守在外面的学生马上就涌进来,后来实在坐不下,宁瑞忠他们只能搬椅子让他们坐在门口。

店里都是黑压压的人头,穿过人群去10米外的洗手间都非常困难,学生们边看球赛边吃喝,宁瑞忠他们一直工作到第二天早上5点才有机会休息一下。

餐馆因此赢得了"工科男"的喜爱,而重庆交通大学的绝大多数学生都是"工科男"。当时在土木建筑学院(现土木工程学院)读大三的张睿说,来这里吃饭的都是饭量大的男生,这里好吃又便宜,对"工科男"来说,自然是不二之选。

开设餐馆的成功让宁瑞忠决定一心做餐饮,不久在重庆邮电大学旁开设了"青年菜馆"的分店。

创业经验:乐于失败敢于尝试,还要会找客户

"青年菜馆"的标志是一朵形似如意的白云,这是宁瑞忠凭灵感自己设计的,有"有朋自远方来"的含义。他想把餐馆打造成一个集饮食、定期桌面活动、看书聊天于一体的综合性青年聚集地,这样的餐馆目前在重庆高校周边算是第一个。

回想起之前的创业经历,宁瑞忠觉得现在的"青年菜馆"算是自己最成功的项目。开业几年来,餐馆已经从重庆交通大学校园开到了重庆邮电大学,还有更多的连锁店正在计划之中。

曾经的艰辛已经渐渐远去,但他还和以前一样,敢于也乐于去接受挑战,即便失败了也无所谓,失败了再尝试,再失败了再尝试,这是他一路创业的心得。

宁瑞忠说:青春的关键词——坚持。

一篇文章斩获网易 offer 的逆袭小伙

周欣，经济与管理学院物流管理专业 2013 级学生。

大家常称他为"周老板"，他当过校学生会副主席、百度校园重庆主管、乐视校园重庆主管……一时风光无限。他与同学合伙创业，差点拿到 300 万元风投，后来创业项目资金出现问题，前景不佳，于是准备投奔"BAT"（百度、阿里巴巴、腾讯的合称）。秋季招聘时，他一心向往腾讯的产品经理岗位，进入最终面试，却意外失利。此时又错过其他一线互联网公司的招聘，转眼间他变成了待业青年。随后他去北京实习，在一家不到 30 人的创业公司做实习生，半年以后，凭借一篇对网易某 App 的产品分析，获得关注并收获网易产品经理的职位。

闲不住的外联部长

为了拉赞助，他大一时就跑遍了巴福和双福，成为当时学生会外联部最能干的干事之一。除了在外联部经历许多磨炼，他还朝其他方向发展：学文案策划，学写作摄影，学吉他弹唱，想做就去做。他说："这是年轻的好处，也是自信的来源，觉得别人能做到的自己也能做到。我一路不停息地奔跑，经历过风雨，也看到了路边的风景，以后也会朝着前方一直狂奔下去。这就是我的青春,这就是我的梦想。"

拉 200 多人入伙的穷老板

大二时,周欣开始创业,他所在的团队开发了一款 App:货园甲——大学生闲置物品交易交换平台。他负责运营,并在重庆 20 所高校找了 207 个校园合伙人,组建、管理着校园合伙人团队。他们的日常工作就是推广 App,执行落地活动。

周欣说:"我们当时没有钱,但是我们有自信,觉得肯定能够融资,能够成功。我动员了 200 多人跟我一起工作,大家拿着较低的工资,做着很多事情。推广第一个月,就获得了 1 万多个用户,但我们没有钱发工资。第二个月我们又要开始冲量,因为马上就要进行融资路演。但这个时候,大家开始不太愿意工作了,一是活多钱少,二是上个月工资还没发。我知道,如果现在不发工资,大家就没有积极性,后面融资也会变得很困难,前面所做的努力就都白费了。我第一次感觉到焦虑和无助。"

当时,周欣承诺两周内给大家发工资。他去找了 3 份工作:帮别人推广公众号、推广电影票以及落地路演,最后加上他自己的学费凑了 2 万元左右,才把工资发了。

周欣回忆:"那两周基本没怎么睡觉,每天就想着怎么赚钱,怎么把钱拿到手,他们因为我而来,我得为他们负责。那是我第一次有责任感,也是我第一次感到孤独和无助。我以后再也不敢瞎当老板了。"

转型产品经理,秋招败走麦城

创业项目前景不明,周欣决定暂时放下创业想法,先去大型互联网公司进行历练,并决定要做一个产品经理。

为什么要转行到互联网公司? 为什么要做产品经理呢?

周欣说:"互联网是年轻人的天下,这里有足够多的天马行空和桀骜不驯,没那么多规矩,我非常喜欢。另外,互联网已经深入我们的生活日常,是我接触到的最有潜力的领域。产品经理就像一个杠杆,能够撬起千万名用户的满足和喜悦,这是我们一切成就感的所在。"

校园秋季招聘开始了,第一战就是腾讯"全球产品管培生"项目招聘。周欣精心准备了简历,在网投后的第二周,他收到了面试通知,腾讯邀请包括他在内的1 000余名优秀大学生去武汉参加面试。

"当时一心只想去腾讯。"周欣说。在准备腾讯笔试、面试期间,其他公司的面试邀约他全部拒绝。他的努力没有白费,淘汰率50%的笔试通过,淘汰率80%的群面通过,淘汰率50%的初面通过,淘汰率50%的复试通过,只要他再通过最后一个HR面(注:人力资源部门的面试),就可以成功获取录用通知。但意外总是不期而至,在回重庆的高铁上,他收到了来自腾讯的消息,不是恭喜已被录取,而是拒绝。

此时秋招黄金时期已过,他已经错过了几乎所有知名互联网公司的招聘,剩下的几场面试也不如意。最终,他决定北上首都,从实习开始,重新踏上征途。

他的"北漂"就是一段辛酸史

周欣说:"来北京之前,我觉得自己是最特别的,最牛的。大一做学生会工作,个人拉到全校最多的赞助。大二当上学生会部长、副主席,并在百度、乐视等校园渠道做重庆主管,带过各种学校的几百人的团队。大三创业时差点拿到天使投资300万元。而大四我只想去最优秀的公司做一个产品经理,因为我想改变世界。来了北京之后,我才发现我一无所有。"

他接着说:"来北京第一周没找到工作,随后就没钱了,住宿是我最大的问题。那时候我新换了一家青年旅舍,老板人很好,但是她家里一团乱。于是我就主动帮她收拾房间,顺便做了顿饭。"当得知我在找工作后,她主动说:"你每天就帮我收拾收拾家,我这儿包吃住,有面试就去面试。"我答应了,并在那儿熬到找到工作。还是因为穷,我跟着青年旅社的那些怀揣影视梦的人去片场跑龙套,赚取生活费。

厚积薄发,一篇文章拿网易录用通知

周欣就这样在北京漂了快半年,其间一直在创业公司"三节课"做产品实习生。相比北京高昂的生活成本,他每天100元的工资显得微不足道,只能勉强维持生活。虽然生活不易,但在"三节课",周欣系统地学了许多知识,成长得特别快,对产品的分析能力也越来越强。

2017年3月22日,是周欣职业生涯里一个值得纪念的日子。

3月8日,网易上线了一个新产品——蜗牛读书,他看到别人写的产品分析,发现其逻辑不对、切入点不佳、数据引用不好,于是决定自己写一篇。他全神贯注写了整整三天,每天除了睡觉就是琢磨这篇产品分析,当他的同事看到文章时,觉得写得特别好,就发布在"三节课"的公众号上,题目为《网易又出了有趣的新产品,这是一位实习生对它的全部分析和猜想》。

文章一经推出,就获得了圈内人士的大量转发,阅读量在一天之内突破3万,评论区惊叹声一片:"这一定是一个假的实习生。""这实习生比产品经理还牛!"……网易的产品负责人也关注到这篇文章,于是联系了周欣,表示愿意给他一个面试机会。

经过半年的积淀与成长,这一次的面试进行得特别顺利。面试结束后没多久,他收到了录用通知——不是愚人节的玩笑,而是货真价实的录用通知书。至此,他终于成功"逆袭",加入了号称"互联网黄埔军校"的网易,如愿成为一名产品经理。

周欣说:要有清晰的目标,世界很大,多出去走走。从小事做起,把每一件事都做到最好。找一个自己喜欢的领域研究下去,准备到别人无法拒绝你。

坚持不懈就是我的创业态度

从最初的每月 5 万元新疆特产营业额,到 2019 年年底"宜拉达"巴旦木植物奶销量达 1 000 万元,2019 年,大四学生努尔麦麦提已经积累了四年多的创业经验,而他的"新疆+"创业故事远不止营业数字变化这么简单。

努尔麦麦提·斯伊提,维吾尔族。2015 年,麦麦提考入重庆交通大学机械设计与制造工程专业,同年 11 月他的新疆特色农副产品电商项目正式开始;2016 年 7 月,他带领团队成立了重庆阿尔斯兰电子商务有限公司,并取得了可观的收益;2018 年,公司业务调整,开始主营巴旦木植物奶,并创立巴旦木植物奶品牌"宜拉达";2018 年 10 月,"宜拉达"开始正式面对市场,重庆地区的月销售额达 18 万~20 万元。

"新疆+农副产品批发"——怀揣新疆,从无到有

从新疆农村走出来的麦麦提,从小就看到周围的亲戚朋友生产出大量农副产品,却因为缺少销售渠道而陷入滞销的困境。他说:"本来 9 月是个收获的季节,但是老乡们反而很痛苦,所以我一直有一个梦想就是帮助老乡们把生产出来的农副产品卖出去。也正因为这个,我大一刚开始创业的时候就想到了做新疆特色农副产品的零售。"这便是麦麦提"新疆+"创业模式的起源。

最开始,麦麦提主要做新疆特色农副产品的零售以及一些小规模批发——"新疆+农副产品批发"。他说:"我在重庆既没有人脉也没有资源,所以开始就在学校里靠摆摊做新疆土特产生意。经过一段时间之后,客源增多了,我就开了淘宝店、微店等,一个人做了一个多月觉得还不错,就和几个同学组了团队一起做。"

团队扩大后,他们协商要扩大市场,就看准了学校附近的一个农贸

城，但也就在这个时候遇到了问题，他说："我们去发传单，一个一个找商户加微信建群，可是没人信任我们，怕上当受骗。我们虽然在学校发展得还不错，可是要让校外的商家认可，就要给他们充足的理由。"

于是，麦麦提去找学校创业园区的指导老师朱辉荣交流学习，老师建议他去注册一家公司，因为以公司的名义来进行交易，更容易获得合作商家的信任。所以在2016年7月，麦麦提带领团队成立了重庆阿尔斯兰电子商务有限公司。他说："有了正规的营业执照后，我们就发展了不少固定客户，后期逐步给超市以及部分经销商供货。"在这个阶段，麦麦提的团队成员从5个发展到了十几个，每月的营业额也达到了5万~8万元。

在公司发展壮大的过程中，学校创业园为麦麦提提供了许多便利。"除了专业的创业指导老师，学校还为我们提供了免费的办公场所，为我们对接了渠道、投资人、企业品牌顾问等很多的社会资源，还带我们参加了不少商业活动来增加我们的影响力。另外，朱荣辉老师还在他的平台上发布我的抖音作品，也很大程度提高了我们品牌的知名度。"麦麦提解释道。

"新疆+餐饮"——"困难也是机遇，我很享受创业的过程"

批发零售的生意初见成效，麦麦提也积累了一些资金，想到学校周围并没有新疆特色的餐厅，于是就联合伙伴，开启了"新疆+餐饮"的新模式——在2016年6月开始筹备极具新疆特色的美侬餐厅。

2016年秋季开学，美侬餐厅正式开业。麦麦提原打算在假期把餐厅经营调整顺畅，开学后，自己就把重心回归到学业，做到学习、创业两不误。但现实情况是，由于理念不同，创业团队的成员常有更替。所以麦麦提要花费很多的课余时间来招募队员、宣传自己的创业宗旨，所以每天5小时不到的睡眠对麦麦提来讲是家常便饭。

幸而即便辛苦，麦麦提也享受着这个努力的过程，同时公司也在他的用心经营下不断成长壮大。开始，重庆阿尔斯兰电子商务有限公司的主营业务都是新疆特产,季度营业额达到十几万元,直到 2017 年暑假,公司迎来了进一步发展的契机。

2017 年 7 月中旬,麦麦提在重庆与一家电子商务公司和另外几家批发商、经销商协商后确定合作销售哈密瓜。原以为有了之前一年多的特产销售经验,这次的合作会容易很多,但现实情况远比想象的复杂:最初他们采购的是哈密瓜,可当地的采购团队到吐鲁番后才发现那里的瓜果已经成熟了,根本来不及再花三天三夜运输到重庆。为此,他们当即决定把哈密瓜换成更适合长距离运输的伽师瓜——伽师瓜的保存时间比哈密瓜要长一星期左右。伽师瓜在新疆本地八成熟的时候进行采摘,随后装车运往重庆。

解决了采购的问题,新的问题又源源不断地出现,他说道:"运输距离比较长,路上不可控因素很多,有时一半的瓜都烂在了路上。而且即便到了重庆,怎样把这么多的新疆瓜果在坏掉之前卖出去也是团队遇到的难题。好在之前我们已经积累了一些固定客源,所以整体来看销售情况还算不错——20 天的时间里,我们总共销售了 500 多吨伽师瓜,总营业额达到了 130 多万元。"这一笔收入,便成了麦麦提开启公司转型发展的一大资金基础。

"新疆+品牌"——"我想要做一件我能一辈子坚持下去的事"

有了稳定的资金和团队基础,在老师的指导建议下,麦麦提想到了要创立自己的品牌,他说:"2017 年 10 月之前,我都是在做特产销售,其实也就是赚差价,没有自己的知名度。所以我就想创立一个品牌,然后一辈子为它努力。"

创立品牌,麦麦提依旧选择"新疆+"模式:"巴旦木的营养价值很高,在新疆特产中它的销量也是很不错的,而且我的家乡莎车县就盛产巴旦木,不过那里的巴旦木因为销售渠道的原因一直没有实现大规模销售——农户都是分散式的个体经营,需要一个比较整合的销售途径。所以我就选择了巴旦木作为我的品牌产品,这样不仅有销售的优势,还能为家乡巴旦木的销售提供一些帮助。"

为了把巴旦木这样一个坚果品类变为更贴近人们生活的"刚需"产品，麦麦提想到了做巴旦木植物奶的方法——这种产品在当时仍是饮品市场里的空缺。他说："有了做巴旦木植物奶的想法后，我们在包装策划、员工工资上有很大的开支，这就需要进行融资。"刚开始为了拿到融资，麦麦提跑遍了整个重庆地区几乎所有的路演活动和各个大大小小的投资机构，来回奔波了半个多月才筹集到了一部分资金。

他接着说："2017 年 10 月，我们和一个食品行业的研发团队合作，调配植物奶的口味。为了迎合大众的口味，前后一共调整了六次才最终确定。"

"宜拉达"巴旦木植物奶就这样诞生了。"宜拉达"，维吾尔语意为"决心、意志"，它不仅仅是一个品牌，更是麦麦提的创业态度和理念。"在我看来，创业就是两个字——坚持。"麦麦提坚定不移。

2019 年 3 月，麦麦提的"宜拉达"项目已经成功融资 98 万元，同时实现了将新疆莎车县作为原材料供应产地的目标。自 2018 年 10 月正式面向市场，"宜拉达"生产线预计每年可以为莎车县消耗 12 万～16 万吨巴旦木，并且麦麦提正在促成与当地政府和一些农民合作社的合作，因而后续根据销量变化，每年的巴旦木消耗量可能提高至 30 万～40 万吨，占莎车县巴旦木年产量的一半左右，有效整合了莎车县的巴旦木销售渠道。

"宜拉达"巴旦木植物奶正式面向市场 6 个月后，"宜拉达"生产线每月生产产品两个批次，每次 6～8 吨，在重庆地区的销量能够达到每月 5～12 吨，月营业额为 18 万～20 万元。

接下来麦麦提还将继续为"宜拉达"奔波努力——与莎车县展开更加密切的原材料供应合作，继续开发广东和河南地区的消费市场，并且在五年后开辟全国市场。

麦麦提说：怀揣新疆，从无到有。困难也是机遇，我很享受创业的过程，我想要做一件我能一辈子坚持下去的事。

让专业知识成为创业路上的最大助力

　　土木工程学院交通运输工程专业研究生李志豪(图右)的创业故事有点长,在安徽建筑大学就读本科时,他就已经有了创业的想法。"我参加过创业的培训,卖过电信卡,还和学长一起合伙送过外卖。在这种情况下,有一个问题逐渐开始困扰着我,就是这些项目的受众都只有学校里的学生。"李志豪解释道,这样的消费群体特别单一,而且门槛很低,基本可以说是人人都能干。"难道我这么辛苦考大学,就是为了在学校里卖电信卡和送外卖吗?"随着学业的逐渐繁忙,李志豪也就慢慢搁置了创业的打算。

　　2018年,李志豪选择回到家乡报考重庆交通大学研究生,遇到了现在的导师。"老师们想把自己的研究成果转化成实用产品,正好我本科参加过这方面的培训,就结合自己曾经的知识与经验,在学校的支持和帮助下开展了创业的项目。"在李志豪看来,重庆交通大学创新创业氛围浓厚,老师提供了自己所需的资源,是学校氛围和老师帮扶共同帮助他走上了创业这条路。

李志豪在2018年开始准备创业,2019年6月正式注册公司,开始企业化运营,同年10月参加学校第七届大学生创新创业大赛荣获二等奖。2020年9月参加第十二届"挑战杯"中国大学生创业计划竞赛荣获重庆赛区铜奖。

困难、挫折与失败助我成长

即便有了本科时期创业的经验,李志豪在新的创业期间仍然遇到了不少困难:"创业初期,我们最大的难处是公司财务方面的工作。那段时间公司每个月的财务报表都是我们自己来做,但我们不是专业人士,做起来特别吃力,甚至会事倍功半。"后面为了解决这个问题,李志豪和他的团队找到专业的财务公司,把这部分工作内容外包给了他们。"这样公司财务工作专业又规范,我们自己也能更轻松。其实在创业的过程中,我们需要参与的工作类型涉及到不同的方方面面,但并不是每一样都需要我们亲力亲为。对于非核心、自己又不太了解的工作,及时外包给其他公司来节省时间精力也是一个不错的选择。"

2019年6月,李志豪在导师的指导下注册公司,商业法定名称为重庆致径路面材料有限公司。公司主要从事各类工程建设活动,包括路基路面材料、交通标志标线材料研发与销售、技术服务等。"作为一名大学生创业者,一定要足够了解自己创业的领域,同时具备过硬的专业技能。"谈到如何平衡学习与创业的问题时,李志豪表示,研究生只有第一年有课程安排,之后的学习内容都是完成研究和撰写毕业论文。"公司的业务和我的专业相关,所以有时候我既是在完成公司的项目,也是在进行自己的研究。"

培养良好的人际沟通能力

"我一直都觉得创业成功有三个要素:资源、平台、团队。在我们团队中每个人都有自己的分工，大家都做自己擅长的事，自然效率是最高的。"李志豪回忆道，有一次他们把比赛的截止时间记错了，整个团队分工协作、各司其职，工作了一个通宵，终于在最后关头把相关资料交了上去。"这是我一个人绝对做不到的，所以创业中有一个好团队、有一群志同道合的小伙伴，可以让每个人都获益匪浅。"

　　在李志豪看来，创业的道路上不可或缺的还有良好的人际关系，它可以帮助创业者排除交流障碍，化解交往矛盾，增加成功机会。"在团队中我负责和外面公司对接，出去施工时也是我负责和工地的负责人交流沟通，我基本都会和合作过的人保持一个好的关系。"当人脉积累到一定程度的时候，李志勇发现工程圈并不大，自己基本上是和同一批人合作。"这个时候如果能和他们保持良好的人际关系的话，就能避免很多问题，同时大大提高工作效率。"

　　李志豪说：创业的道路上不可或缺的还有良好的人际关系，它可以帮助创业者排除交流障碍，化解交往矛盾，增加成功机会。

效益公益两不误，重庆交大女孩踏出新的创业路

在重庆交通大学有这样一个"不一般"的女孩，她凝聚团队力量，用自己的光芒照亮社会，走出一段不平凡的创业之路。

创业之路，步履维艰

经济与管理学院工程造价专业 2017 级本科生丁南，在校期间"战绩显赫"，2019 年参与项目获得第九届全国大学生电子商务三创赛校级特等奖、市级一等奖等，2020 年主营项目获成渝地区双城经济圈外国留学生创新创业大赛三等奖等，并成功在重庆市第四届"优创优帮"立项。

尽管如此，在丁南的创业过程中，也有过两次"惊险"时刻。

第一次是在全国大学生创新创业大赛中，第一稿的内容没有达到标准，但在第一次危机中，第一稿创业计划书由负责人改了 90% 的内容，成功过关。

第二次是在创业初期的方向确定时，丁南在运营初期发现自己

团队所提供的服务在市场竞争中优势不够，这一场危机只能依靠丁南自己的团队重新研究调研，改进项目的方向。

"试运营初期结束后，我们发现团队所提供的服务在市场已趋于饱和，且有明显下降趋势。"丁南表示，在这个危急关头，只能快速调头，重新进行项目调研，寻找企业的生存空间。

丁南带领着团队在重庆周边十余区县进行了调研，有的区县项目路途遥远，道路坎坷，有的甚至还未修通水泥路，非常不方便出行，调研之路十分坎坷。

在艰苦的调研过后，丁南的团队选择对餐饮业及农业的 MCN 机构项目提供服务，让项目得以成功运营。丁南的决断和团队之间的配合，使得她的创业在面对问题时转危为安，获得了脱颖而出的机会。最后，丁南团队的项目在重庆市第四届"优创优帮"中成功立项。

丁南在校期间担任班级干部以及校新媒体中心主任，2019 年参与的项目获得第九届全国大学生电子商务三创赛校级特等奖、市级一等奖等，2020 年主营项目获成渝双城经济圈外国留学生创新创业大赛三等奖等。

项目的成功，离不开团队的力量

"在我创业的过程中，团队合作是极为重要的。"

丁南表示，团队的成员一条心，将力量拧成一股绳，所有的劲往一处使。虽然团队的成员来自学校各个学院，每个人的性格兴趣千差万别。但是聚在一起向同一个目标奋斗的时候，所有的锋芒都合成了一个整体。在这一刻，丁南真真切切体会到了团队的力量。

在第一次参加创业比赛时，丁南团队首次面对"路演"这一挑战。在此之前，团队中所有人都没有过演讲的经验，只能通过内部一轮一轮的试讲挑选出合适的演讲人。

"选出路演主讲人的时候已经是凌晨四点了。选好后我问没有被选中的伙伴有没有失望，他们都表示我们是一个团队，只要我们的项目能够完美地呈现出来,主讲人是谁并不是最重要的。"丁南回忆道。

除了丁南团队的凝聚力,项目的成功也得益于重庆交通大学的支持。

"我们的项目刚开始就是为了参加比赛搞出来的,离不开老师、学校的指导和支持。"丁南表示,正是在统合团队的基础上,整合了校内外的可用资源,形成了合力,才使得项目脱颖而出,成为了重庆市"优创优帮"的帮扶对象。

用微小的力量为社会带来温暖

在疫情期间,丁南的团队也没闲着。他们利用网络、媒体等各大信息渠道以及结合其团队的项目内容,对奉节县平安小学留守儿童进行心理疏导和教学辅导,同时对奉节县平安乡部分产业进行扶贫支持。

经过调研,丁南团队发现疫情期间儿童所受的心理伤害远超成年人,留守儿童更甚。如果不及时疏导,会对留守儿童的心理产生永久的创伤。

"我们自己的力量虽然微小,但只要能为这个地方带来一点改变,为这里的孩子们带来一丝温暖,我们做的事情便有了意义。"丁南表示。

在高强度的工作量和压力下,丁南也不时会遇到"崩溃时刻"。她说:"坚持之后总有收获,挫折过后总有成长。甘坐'冷板凳',潜心自主学习,经受住学习带来的'痛苦',这也并不需要有多大多高的天赋,只要自己能够坚持下去,就能不断提升自己,在竞争激烈的创业环境中博得头筹。"

丁南说:坚持之后总有收获,挫折过后总有成长。

勇勤诚慧贯穿创业之路，重庆交大学子为家乡创业

　　创业的初心有许多种，或是想改变未来，或是想赚取更多的财富，又或是想要证明自己。对于重庆交通大学经济与管理学院经济学专业2017级的张俊威而言，他的初心源于回馈生长的土地，而在他的创业之路上，一支四字诀贯穿了他的创业之路。

生长于此，自当回馈于此

　　童年时期，张俊威的父母经营着小生意，因此他很小就开始在商店帮忙，积累了不少经营的经验，同时他也对商业产生了浓厚的兴趣。

　　然而促使张俊威回乡创业的原因只是一个十分简单的理由："生长于这片土地，受这片土地哺育，自然也当回馈这片土地。"

　　张俊威认为，相较于外出打工，回乡创业可以为村民带去更多岗

位,进而换取更高的收入,从而实现全村脱贫。

"家乡的一切哺育了我,无论是一草一木,我都如此熟悉,他们送我走出了大山,那么回去建设家乡不是应有的情怀和使命吗?"张俊威表示,这不单单是作为一名大学生创业者的责任,也是一名共产党员应有的使命。

生于重庆万州盛家村的他,谈起家乡的时候,总是面含笑容,即使盛家村是一个贫困村,张俊威依然对养育了他的大山充满感激与自豪。

"我是农民的儿子,脱贫致富的道路上,老乡一个都不落,一户都不少,就是我为之奋斗终身的目标。"这是张俊威的初心,也是他面对资金短缺的困难、实地乡村调研的辛苦、缺少法律援助的迷茫时,敢于迎难而上,克服困难的勇气与动力。

将实践的知识化作创业的力量

创业绝非易事,而创业的"勤"也就体现在创业路的点点滴滴上。

"2020年暑期,我深入农林实践,与农户同吃同住共工作,与农科站人员一起进行土地检测、开展种植规划,在深刻感受到新农村新气象的同时也对项目的准备期策划打下坚实基础。"张俊威表示,在实践中不仅仅提升了自己的实践能力、丰富了农业知识,同时也了解了国情、社情、民情,为今后的创业打下基础。

"道不可坐论,德不能空谈,认真做事,踏实做人,扣好人生的每一颗扣子,以德修身,以信处事。"这是张俊威创业的信条,也是他做人的信条。

正如张俊威的指导老师李豪所说:"他想回报养育自己大山的想法固然很好,但并非仅凭一句响亮的口号,也绝非单凭借一腔热血就能实现。创业绝不是一条简单的出路。它不仅要勇气、勤奋、诚信,还考验他的智慧。"

创业四字诀指引创业之路

选择农业作为创业的方向,除了自己回报养育自己的大山这一初心外,张俊威也有着自己的考量:"在中国未来的发展趋势中,科技必然是处在最前沿的位置。但高新产业的入门门槛太高,与之相比,农业更接地气,也是一块'大蛋糕',加之政策扶持力度大,创业初期的风险能够得到有效的控制。要有'智'慧,发现风口、把握机遇,探寻我们有的,市面没有的;也要有'治'慧,管理好团队的纲领就是当好团队成员,换位思考,先集体,后个人。"

张俊威同样表示,"智"也是"诚",懂得感恩同样重要。

"在创业的路途中,一起奋斗的团队成员、给予我帮助和支持的老师、每一次熬夜、每一次上台,都让我回味无穷,他们是我创业路途中最美的风景,更重要的是我遇到了我的'伯乐'李豪老师,他为我的人生指明了方向,让我有勇气回乡创业。"张俊威回忆道。

张俊威曾获第六届中国国际"互联网+"竞赛重庆市银奖、万州区 2020 创新创业大赛一等奖、校级优秀学生奖学金以及万州区 2020 年度"创业明星"等荣誉。

张俊威说:勇、勤、诚、慧,相信这四字诀也能为其他的大学生创业者带去一些启发。

交通天下　有你有我

　　大学如梦一场,时光总是在匆忙赶往教室的路上悄悄流逝,留下至深至浅的青春足迹。强烈和微弱的回忆如缕缕的薰衣草迷雾,在风中与细小的尘埃混合。那些美好的瞬间,熟悉的旋律,聒噪的夜晚,是藏在心底的宝石,在我们孤独的前行路上,散发出一束瑰丽的彩虹,令人迷醉。如不能再像当初那样红着脸在青春的末班车上挥手道别,那就红着眼将感人至深的温情在内心珍藏发酵,缅怀曾有过的遗憾缺失,纪念再也不会重来的任性疯狂。日后的岁月定能教会我们沉淀积累,独立自强,戒骄戒躁,重新出发。

　　有人说青春时光至少应该有两次奋不顾身,一次为爱情,一次为梦想。纵使青春留不住,但只要我们鲜活的心还澎湃热烈着,追逐所爱所想就永不会说太迟。静谧的月夜,枕着淡淡的栀子花香,回味大学这场如羊毛衫般舒适熨帖的柔软时光,细数那些温暖美好。重庆交通大学,遇见你,是我生命中的一大幸事。

世界桥梁史上的奇迹是如何创造的

辛苦遭逢起一经,干戈寥落四周星。

山河破碎风飘絮,身世浮沉雨打萍。

惶恐滩头说惶恐,零丁洋里叹零丁。

人生自古谁无死?留取丹心照汗青。

1278 年,宋代大臣文天祥在广东兵败被俘。翌年,他被押送经过珠江口外的海域时,留下了这首著名的诗作——《过零丁洋》。

如今,文天祥发出千古慨叹的伶仃洋(又称零丁洋),已是世界上最繁忙的航道之一。

在这片广阔的海面上,有一座大桥于 2018 年 10 月 24 日正式通车。它,就是港珠澳大桥。

这座大桥历时 6 年论证、9 年建设,全长 55 千米,集桥、岛、隧于一体,创造了多项世界第一,获 454 项专利,堪称世界桥梁史上的珠穆朗玛峰。

令人自豪的是,有近 3 000 名重庆人参与了这座大桥的建设,他们用智慧和汗水成就了属于重庆的骄傲。2018 年 4 月,《重庆日报》曾特派记者到大桥现场实地采访,对港珠澳大桥中的重庆元素进行了全媒体系列报道。

除此之外,在大桥建设中,还有一些人与重庆有着难以割舍的关系,孟凡超便是其中的佼佼者。

通车前夕,这位重庆交通大学桥梁与隧道专业 1978 级学生,如今的港珠澳大桥总设计师,就为何要建这座大桥,依据怎样的理念、标准设计这座大桥,建设过程中突破了哪些技术难题,在渝的大学教育为自己今后的职业生涯奠定了怎样的基础等问题,接受了《重庆日报》记者的独家专访。

实现粤港澳 1 小时交通生活圈

《重庆日报》记者:港珠澳大桥历时 9 年的建设,耗资上千亿元。我们为什么要在珠江口建这座大桥?

孟凡超:港珠澳大桥是我国继三峡工程、青藏铁路、京沪高铁之后又一个重大基础建设项目。

为什么要建这座大桥? 我们先看看它所处的地理位置。在伶仃洋半径 60 千米以内,有珠三角的 11 个大中城市,包括广州、深圳、佛山、珠海、东莞、中山、惠州、江门、肇庆 9 个市,以及香港、澳门两个特别行政区。

国家致力于将珠三角沿线打造成大湾区。如果这 11 个城市形成一个城市群、经济圈共同发展,未来这里会与美国纽约湾区、旧金山湾区和日本东京湾区并肩,成为国家建设世界级城市群和参与全球竞争的重要空间载体。

《重庆日报》记者:有人说,港珠澳大桥让粤港澳 1 小时交通生活圈变成了现实。此话如何理解?

孟凡超:以前,珠江口上除了一座位于东莞的虎门大桥外,中间就再没有第二条通道。由于天堑的阻隔,珠江西岸与香港之间的陆路需绕行虎门大桥,导致珠三角西岸经济发展相对滞后。

如何真正激活这一地带,打破制约其经济发展的壁垒,进而促进珠三角沿线的提档升级,实现粤港澳 1 小时交通生活圈至关重要,这是建设港珠澳大桥最直接的目的。

我们从地图上看,港珠澳大桥从珠海抬起左脚,从澳门迈开右脚,一路向东伸向香港,形成一个大大的"Y"字。大桥建好以后,驱车从香港到珠海、澳门的时间将由以前的约 3 个小时缩减为约 45 分钟,让粤港澳 1 小时交通生活圈变成现实,珠三角沿线城市成为一个超级城市群,这有助于粤港澳大湾区的发展。

集桥、岛、隧于一体的完美呈现

《重庆日报》记者：港珠澳大桥全长 55 千米，集桥、岛、隧于一体，是世界上最长的跨海大桥。英国《卫报》将其评为"新的世界七大奇迹"之一。您是基于怎样的理念带领团队设计这座大桥的？

孟凡超：2004 年年初，港珠澳大桥建设的前期工作正式启动。我们公司承担起大桥工程前期规划的牵头工作，整个团队涉及交通、经济、规划、水文、气象、地质、环保等多个专业，全国涉及的总人数有 1 000 余人，核心成员有六七十人。

关于港珠澳大桥的总体设计理念，我总结出"7 个性"，即战略性、创新性、功能性、安全性、环保性、文化性和景观性。

说到港珠澳大桥的功能性，就涉及桥位的选择。在综合考量三地的车流、人流，以及现在和未来的交通状况等因素后，在珠海我们选择了拱北海关，澳门在东方明珠，香港则是在与机场高速相连的大屿山公路东涌点，这样的桥位对三地来说都是最便捷的位置。

《重庆日报》记者：从桥的构成来看，港珠澳大桥为什么是桥、岛、隧三种方式的集群组合？

孟凡超：这就是我想说的大桥的安全性。港珠澳大桥不仅仅是桥，更是一个跨海集群工程，由桥、岛、隧三部分组成。通常来讲，桥型可以分为梁式桥、拱式桥、悬索桥、斜拉桥四种类型。但是港珠澳大桥太长了，单一的桥型无法满足建桥所需的力学结构，也就无法保证大桥的安全性。

在设计桥型的时候，我们需要分段考虑。首先，珠江口是一条世界级的战略航道，最繁忙的时候，这里每天有 4 000 多艘轮船在海面上通过。根据预测，未来还会有 30 万吨级的海船需要通过，那么就要留下足够宽的主航道。其次，港珠澳大桥的桥位所在海域靠近香港机场，每天有 1 800 多次航班从这里起降，白天每隔一两分钟就有一班次，桥不能修得太高。

综合以上两点，必须修建海底隧道，以留出够宽阔的海域通航 30 万吨级海轮，又不至于影响飞机起降，且需要建人工岛把隧道两头连接起来。除此之外，我们把其余主体桥梁工程设计为三座通航孔桥：九洲航道桥、江海直达船航道桥、青州航道桥。这三段通航孔桥都是斜拉桥，按照桥墩之间的距离的不同，分别通行 5 000 吨、1 万吨、几万吨等不同吨级的轮船。

《重庆日报》记者：港珠澳大桥远远望去如一条玉带飘落在伶仃洋上，非常壮观，也非常优美。把大桥设计成弯弯曲曲的形状是基于什么原因？您曾经说过港珠澳大桥不仅是一座桥，还是有血有肉的文化载体，那么港珠澳大桥的文化元素体现在什么地方？

孟凡超：关于大桥的设计线型，我们更多的是从技术层面上来考虑。珠江口有 30 多千米宽，每一处的水流方向、速度都是不一样的。从工程的角度讲，桥墩的轴线方向应和水流的流向大致平行，以尽量减小阻水率，否则大桥会成为珠江口的一道大坝。再者，大桥设计成弯曲的形状，可以避免驾驶员产生视觉疲劳。

当然，作为一座里程碑式的跨海大桥，港珠澳大桥的交通功能只是它的一个基础性的设计旨要，它的文化打造和追求，是它更高境界的使命，它必须是一个有血有肉、有骨有魂的文化载体。这座大桥的文化元素主要体现在"风帆""海豚""中国结"桥塔上。其中两座"风帆"塔寓意扬帆起航；三座"海豚"塔取意人与自然和谐共生；两座"中国结"塔所处位置靠近香港，寓意三地携手共进、永结同心。我最感得意的就是整座大桥因地制宜，与当地的海洋文化、地域文化相得益彰，从而成为伶仃洋上独特的标志性建筑。

"四化"建设让大桥工期缩短了两年

《重庆日报》记者：港珠澳大桥创造了多项世界第一，解决了很多世界级难题。为什么大桥要按照 120 年的使用寿命来设计？ 120 年的使用寿命意味着什么？

　　孟凡超：设计并确保港珠澳大桥有 120 年的使用寿命,其实这里面没有太多的玄机。香港、澳门采用的是欧洲标准,这样级别的大桥就应该以 120 年作为使用寿命的标准。

　　120 年的使用寿命意味着大桥要能够抵抗 120 年内可能出现的自然灾害,如 8 度地震、16 级台风;可应对 120 年内海水、大气等对大桥结构的侵蚀;可承受 120 年汽车行驶带来的疲劳损伤等,保持安全。

　　《重庆日报》记者：如何保证大桥 120 年的使用寿命?

　　孟凡超：这就非常关键了。我们遵照甚至高于香港采用的 120 年建造标准进行施工质量控制,如对混凝土保护层厚度,耐腐蚀钢筋、岛隧工程沉管钢筋的尺寸精度,水下沉管对接误差等,都制订了非常严苛的规定。

　　《重庆日报》记者：在建设过程中,怎么实现这些标准?

　　孟凡超：业界对港珠澳大桥的评价是世界桥梁史上的珠穆朗玛峰。这项世界超级工程不仅所有环节都堪称精细、完美,而且这座大桥自 2009 年年底正式开建以来,没有出现过一起安全事故。在港珠澳大桥的建设过程中,我们采用了大型化、工厂化、标准化、装配化(即"四化")的方式来建设。

　　《重庆日报》记者：怎么理解这"四化"? 能不能举点例子?

　　孟凡超：按过去建桥的老办法,就是千军万马到现场去,人工浇筑水泥墩台,然后再一块块地焊接桥身的钢箱梁。但是,港珠澳大桥不这么建了。

　　怎么建? 比如,建大桥桥梁使用的钢箱梁体,每段长约 110 米;建海底隧道用的 33 节沉管,每节重约 8 万吨;建人工岛的 120 个钢圆筒,每个的直径和篮球场一样大,高相当于 18 层楼……都是大得不得了的家伙! 但它们都是分别先在各个工厂预制好,然后用特种装备运到现场进行装配,整个像流水线一样操作,这就是"四化"。

　　港珠澳大桥建设这几年,除了建东、西人工岛时海上工人多一些以外,其余时候海面上只有大型船舶和大型起吊设备,工人并不多。

《重庆日报》记者:先把建造大桥的一个个构件做好,再运到海上安装。这种颠覆性的建桥方式有什么好处?

孟凡超:这种建桥方式可以有效地避免海上建桥的风险。比如,参与整个港珠澳大桥建设的工人,前后加起来有 3 万余名,工程量十分浩大,一旦有台风、海啸等发生,工人发生伤亡怎么办? 建桥期间,我们遇到几次大的台风,因为采取"四化"的方式施工,海上现场人数较少,所以转移起来很快,经济损失也小。

如果采取传统的办法建桥,如此长时间的施工,对海域的污染也是无法估量的。

这种流水线、标准化的作业方式,使建设整座大桥的每一个流程、环节都实现了机械化、自动化、信息化,从而保证了港珠澳大桥的高质量,同时也可以大大缩短工期。如三座海豚塔的安装,前期在基地已经进行了一两年的论证、模型演练等,每一个操作流程都进行了极为细致的考虑,现场安装一座塔只用了 9 个小时。

总之,因为"四化"建设,港珠澳大桥工期整整缩短了两年。

重庆是一支非常重要的建设力量

《重庆日报》记者:有一种说法是,攀越了港珠澳大桥这座珠穆朗玛峰后,我国从桥梁大国成为桥梁强国。您是否认同这样的说法?

孟凡超:自 2009 年开建以来,港珠澳大桥以国际视野、国际能力、国际胸怀,一直备受关注。它的建成,是改革开放 40 年综合国力的具体体现,标志着我国今后在桥梁建设方面可以很"任性"。

此前,业界谈论最多的是韩国釜山港大桥、瑞典厄勒海峡大桥、土耳其博斯普鲁斯海峡大桥,但港珠澳大桥建成后,综合难度已经超越前几个标志性的跨海工程。

在建设港珠澳大桥的这些年中,我们前后实施了 300 多项课题研究,形成了 60 多份技术标准,获得 454 项专利,创新了海上装配化桥梁、超长外海沉管隧道、海上人工岛等方面的设计与施工理论,形成了拥有自主知识产权的核心技术,建立了建设跨海通道的工业化技术体系。这为我们今后建更长、更大规模的跨海大桥,积累了宝贵的经验。

《重庆日报》记者:您是重庆交通大学毕业的优秀学子,大学教育为您今后的职业生涯奠定了怎样的基础,产生了怎样的影响? 对如今的交大学子,您想说些什么?

孟凡超:我是 1978 年进入重庆交通大学的,学校当时叫重庆建筑工程学院。在重庆的这四年,我不仅接受了良好、系统的大学教育,重庆这座城市也给我留下了深刻的印象。作为一座山水之城,重庆独特的山城地貌和两江环绕,让如今的重庆总共有 4 500 多座桥梁,桥梁数量多、规模大、技术水平高,影响力也很大。比如,长江大桥复线桥是世界跨径最大的连续刚构桥,菜园坝长江大桥是世界跨径最大的公轨两用结构拱桥,朝天门大桥是世界跨径最大的拱桥……早在 2005 年,重庆就被茅以升桥梁委员会认定为中国的"桥都"。这次建设港珠澳大桥,重庆是一支非常重要的力量。

九层之台,起于累土。我在母校接受的教育,为我今后的事业发展打下了坚实的基础。我记得当时全校一共有城市规划、土木工程、道桥工程等六七个系,2 000 多人。我就读的道桥工程系有 4 个班,140 余人,设桥梁与隧道和公路工程两个专业,我学的是桥梁与隧道专业。

那时候我们的生活很单纯,平均每天 6 节课,其余时间就是自习、做作业,大家都非常珍惜来之不易的读书机会。校长、老师都寄语大家:国家百废待兴,人才青黄不接,大学生是栋梁之材,一定要好好学习,为国家建设努力。

教"结构力学"的王向坚、教"拱桥"的王世槐、教"梁式桥"的汤国栋、教"悬索桥"的徐君兰……这些老师都给了我很大的帮助,他们严谨的治学精神以及举一反三的思维方式,让我获益终身。

大学毕业的时候，我以每门课平均 90 分以上的成绩分配到北京工作，一直做桥梁设计。我有时会回到重庆，参加一些桥梁方面的学术研讨会，或者回母校做讲座。

孟凡超说："吾生也有涯，而知也无涯。"学习是一件终生都要为之执着追求的事，必须保持一颗进取的心，持之以恒。愿母校的学子们，为将我国建设成为世界桥梁和交通技术强国而不懈奋斗。

十年公益如一日，百人捐助近三年

中央电视台"东方时空"栏目曾播出了一则新闻《一家三脑瘫疾患　百人持续捐助》，讲述了重庆女孩石维帮助脑瘫孩子一家的爱心故事。

石维，重庆黔江人，2010 年毕业于重庆交通大学人文学院旅游管理专业。这个看似文静、柔弱的年轻女子不仅是一家私企的老板，更是一名坚持做公益活动近 10 年的志愿者。大三的时候，石维曾到开州白泉乡支教，毕业后又前往西藏工作，2013 年才回到重庆黔江。

2014 年的一天，石维在微信朋友圈偶然看到一条求助消息，一名患白血病的小朋友急需献血。看到此条消息的石维坐不住了，她立即联系孩子的父亲，在了解到这个收入平平的小家庭为了救孩子把房子都卖了后，石维协同热爱公益的朋友一起，准备帮助这个家庭。

毕业于旅游管理专业的石维善于做策划，为了帮助这个孩子，石维联系了 30 多个黔江的爱心商家，大家一起投入"全民捐款"中。活动得到了大家的支持，求助微博、微信被大量转发，石维发出的求助微博阅读量达到 10 多万人次。在石维的组织下,孩子的治疗费用很快就凑齐了。之后,孩子顺利痊愈出院了,并且能够跟其他孩子一样正常上学。

旁人的夸赞并没有让石维骄傲,她一直坚持帮助他人,做着自己力所能及的事。2015 年 12 月 25 日,石维第一次碰见罗秀珍和她的孙子。54 岁的罗秀珍已经是 3 个孩子的奶奶了,在别人的眼中正应该是享受天伦之乐的时候,罗奶奶在家却饱受痛苦。原来,这 3 个孩子都是脑瘫儿,他们最大的 8 岁,最小的才 3 岁,不会走路,大小便失禁,还伴随着随时可能发作的癫痫。为了给孩子治病,孩子的父母常年在外打工,走投无路的罗奶奶不忍心看着孩子饱受病痛折磨,只能带着孩子上街乞讨。当晚,石维为了帮助罗奶奶,就在朋友圈发了第一条求助信息。有了之前的信任,经过一个晚上,石维就筹到了5 000 多元。

虽然得到了爱心人士的捐款,但对这样一个入不敷出的家庭来说,5 000 多元始终是杯水车薪。石维决定建立一个微信爱心群,每人每月捐出 18 元,这样一点一点累积起来,每个月的捐款能够支撑罗奶奶和 3 个孙子每月的生活。这个爱心群里最开始只有石维的家人和朋友,后来经过大家的努力和宣传,朋友的朋友、朋友的家人,以及很多陌生的朋友也加入这个集体,这个爱心团体从最开始的七八十人到现在已经有两百多人。每月 1 日,大家都会自觉地将自己的那份捐款发到群里,石维统计好后会召集群里其他的爱心人士去看望罗奶奶。在石维等人的努力下,3 个孩子被顺利接到了重庆市中西医结合康复医院进行免费治疗。据石维回忆,那是罗奶奶第一次露出笑容,石维表示:"那是我觉得最感动的瞬间,所有的坚持在那一刻都显得特别有意义。"

能够坚持做公益这么多年,石维表示她的家人、朋友和同事都功不可没,他们不仅默默地支持着石维的决定,还加入了她的队伍。虽然在活动前期也受到部分人的质疑,但石维说:"质疑声不会传到我们的耳边,因为有更多善良的人在保护着我们,使我们有坚持下去的勇气。"

平时石维在参加公益活动的时候,经常会把自己的儿子带在身边。这个5岁的小男子汉虽然还不太明白什么是公益,但经过耳濡目染、言传身教,他也学会了帮助别人。他看到需要帮助的人会主动告诉妈妈,看到路边乞讨的人会提醒妈妈献爱心。这些小小的举动也在默默支持和感染着石维。

都说"赠人玫瑰,手有余香",石维一直把爱心公益当作对自己的给予。她说:"爱心是不分大小、不分年龄的。就像汶川地震,尽管当时我们还是学生,能捐的款不多,但对灾区的人来说,这就是一种帮助,这也是让我坚持下去的信仰。"

石维说:质疑声不会传到我们的耳边,因为有更多善良的人在保护着我们,使我们有坚持下去的勇气。爱心是不分大小、不分年龄的。

树木树人，交大情深

2017 年，重庆的冬天好像特别冷，但一个温暖的消息却在校园传递。1997 级校友陈猛、1998 级校友徐咏梅决定捐出 10 万元，在学校认养一棵黄葛树，以纪念两人相识相恋 20 周年，也以此向母校表达一份诚挚的感激之情。

青春芳华：像极了电影里的场景

陈猛，1997 级道路专业；徐咏梅，1998 级管理专业。两人都是江苏徐州人，目前在河南郑州工作。说起两人的相识，像极了《致我们终将逝去的青春》里的场景。陈猛说，1998 年 9 月，他趴在寝室的桌子上睡觉。有老乡在寝室外面对他喊："陈猛，你们县里来了一个学妹，你去接一下。"陈猛听了立刻起身，跑到校门口。"感觉她挺单纯、挺傻的。"陈猛回忆起当时见到徐咏梅的画面说，"就像是村里的姑娘——'小芳'。"

后来的一次校园活动，让陈猛对徐咏梅动心了。那时，同学们在宿舍楼下搞活动,陈猛去接徐咏梅,他回忆说:"当时她圆圆的脸,一袭白裙,就像仙女一样。"后来他得知,两人不仅是老乡,而且毕业于同一所高中。相识一年后,两人确定了恋爱关系,都觉得这便是缘分。

就这样,两人在学校相识相恋,转眼间,已经携手走过了20年的时光。

感恩母校:向学校捐出 10 万元认养一棵树

"今年是我们相识 20 周年,我想搞一个纪念活动,按照 10 万元的标准搞。"陈猛说,当年结婚的时候,日子不宽裕,没有婚纱照,没有钻戒,甚至连个像样的婚礼都没有,现在就想弥补一下。

一直以来,两人的生活都比较简单。起初他们也想过去国外转一圈,或者买个名牌包,后来决定做点更有意义的事情。这时,他们看到学校教育发展基金会的捐赠项目,徐咏梅就提出:"要不我们也为学校做点什么吧?"两人很快达成共识,他们决定用 10 万元认养学校里的一棵树。

陈猛说:"我们对学校的感情很深,我们在学校相识、相恋,学校就是我们的家,是我们的精神寄托,我们愿意为学校发展尽一点绵薄之力。"

母校情深:愿他们像那棵黄葛树一样,坚守本色、从容笃定

一花一世界,一树一真情。2018 年 1 月 12 日,陈猛、徐咏梅校友伉俪捐赠树木仪式在学校一号门举行。副校长易志坚,两位校友当年的导师周志祥、辅导员王祥林,学校教育发展基金会秘书长苗金燕,学工部副部长王滔滔以及经济与管理学院院长许茂增、师生代表共同见证了两位校友的爱校深情。

回忆当年在校时候的情景,陈猛说最难忘的是自己的辅导员王祥林。"那时我挺'恨'他,因为他对我们太严格了。和我们差不多大的王老师,每天一大早就叫我们起床,晚上还要查寝。重庆的冬天

太冷了,大小伙子都想在床上多躺会儿。但不行,王老师硬是很凶地把我们从床上拖起来。"陈猛说,"走上工作岗位后,我才知道老师的严格要求,对我们来说有多重要。"

2002年,徐咏梅本科毕业后考上了学校的硕士研究生,师从周志祥教授。"周老师对学生都很关心,每天都要询问我们的学习情况和参与项目的进展情况等。"徐咏梅对导师更是满满的感激,"周老师的教导,是我一生用不尽的财富。"

捐赠仪式上,副校长易志坚向两人表达了学校的感谢之情,他希望他们一如既往地关心母校、支持学校发展,也祝愿他们像那棵枝繁叶茂的黄葛树一样,坚守本色、从容笃定。

寄语校友:交大人就是一步步走出来的

对年轻的学弟学妹们,已经在交通行业摸爬滚打了十几年的陈猛和徐咏梅有话说。

"记得当年我初上大学的时候,村里人得知我去学一个修路的专业,都笑话我,说修路用得着学吗,不学都会,况且在大山里修路太艰苦。"陈猛说,"我们从事交通行业的,确实很苦,架桥铺路、治河筑港,交大人都是一步一个脚印走出来的。交通行业是兴国之器、强国之基,也是造福人民群众的民心工程。希望年轻的学弟学妹秉持交大'明德行远、交通天下'的校训,发扬特别能吃苦、特别能战斗、特别能奉献的精神,学有所成,服务我国的交通建设事业。"

陈猛、徐咏梅说:我们在学校相识、相恋,学校就是我们的家,是我们的精神寄托,我们愿意为学校的发展尽一点绵薄之力。交大人就是一步步走出来的。

学会规划时间是一种高级的自律

　　六月,重庆开始燥热起来,毕业季也将如期而至。来自 2019 级人文学院新闻与传播硕士专业、即将迎来毕业的郝一璇回首两年的学习生活,感到受益良多:"生活从来不会辜负认真对待它的人。"

郝一璇,中共党员,曾任校研究生会宣传部副部长、人文学院研究生党支部副书记。入校两年时间内,在国家级与省级期刊共发表3篇学术论文,同时作为项目负责人主持一项重庆市研究生科研创新项目。先后获得校级一、二等学业奖学金,第四届国家传播学高层论坛"优秀论文二等奖"、第12届全国大学生广告艺术大赛重庆赛区影视动画类"优秀奖"、人文学院"第八届未来记者之星微视频比赛"创新奖等奖项,并获评重庆交通大学"三好学生""2021年优秀毕业生"等荣誉称号。

时间紧就挤着花

作为一个土生土长的山西姑娘,大学填报志愿时,她就希望来到南方,感受不一样的风土人情,却"阴差阳错"去了东北。借着考研的机会,她来到重庆,成为交大的一名学子。进校之初,她坦言,研究生生活和自己预想中的不太一样。"我预想中的研究生生活可能会比较枯燥,学业繁重,但实际有学术功底深厚的老师,更多的学术与实践机会,可以锻炼自己系统的研究方法的研究思路,不仅可以丰富自己的知识体系,还能开阔眼界。"

为了适应当前的硕士教育发展,提高高校人才培养质量,人文学院新闻与传播硕士专业招收的第一届学生采取两年制的培养办法。"两年制"意味着必须把时间"挤着花"。当各项任务接踵而至时,如何进行时间分配? 怎么取舍? 郝一璇有她自己的时间管理办法。

在她看来,不论是参加一个竞赛、写一篇论文还是做一张海报,"任何一件哪怕很小的事,它们都是有价值的。"这些事项之间其实并不必然冲突,关键还是要做好时间管理,实现自律。"我具体会列一个小的规划表,做一项划掉一项,这样能帮助自己对已做与未做的事项有一个清楚的掌握。"

压力大就自我疏解

学业压力、科研压力、就业压力是目前研究生压力感的普遍来源。对于新闻与传播专业而言,三年的任务要在两年内完成,时间紧迫,任务繁重,对于每一个新传学子来说,都是一个考验。她表示:"为了不虚度两年的研究生生活,班上的每位同学都很努力。"

在郝一璇看来,研究生期间最大的压力,还是来源于学业与科研。"因为没有往届学长学姐的经验可以参考,确实挺难的。"另外,新闻与传播专业结合重庆交通大学的传统优势学科,开设了新的研究方向——交通文化传播。"作为第一届学生,在积极挖掘拓宽研究内容与范围方面,我们的确还需要下大功夫。"

压力太大,该如何排遣? 郝一璇表示,研究生学习生活中有压力很正常,如何将压力转化为动力,她有自己的小妙招。第一招:设定阶段性奖励,将长期计划分解为多个短期任务。每当完成一个短期任务,可以进行自我奖励,如和朋友出去约一顿火锅,看一场电影,让压力随之释放。第二招:学会倾诉,多做准备。一方面,可以通过与朋友交流倾诉来释放压力。另一方面,凡事预则立,不预则废。只有提前做好充足的准备,才能在艰难的任务前保持信心,避免产生过多的压力。

想充实就多尝试

在研究生两年时间内,她不仅身兼班级学习委员、校研究生会宣传部副部长、学院研究生党支部副书记,还积极参与科研论文的写作投稿,参加校内外的各项比赛,并进行了长达六个月的专业实习。研究生生活即将结束,她直言:"我最大的感触是人生经历又得到了丰富,不仅学术上得到系统训练,实践能力有了提高,还交到了很多朋友。"

在她看来,要想不断充实自己,就得多去经历,多去尝试。读研的两年内,她获第四届国家传播学高层论坛"优秀论文二等奖"、大广赛"优秀奖",主持科研创新项目一项,先后拿到一、二等学业奖学金,并被评为校"三好学生""优秀毕业生"。在郝一璇看来,自己之所以能在研究生期间获得这些荣誉，"什么都愿意去做、什么都想尝试"是最主要的原因。"有些同学会觉得课程任务很重了，就会把其他的事情放一放。但是我还是想多去尝试一些不同的事情，不仅可以丰富自己的经历，也是展示自我的一个方法。"

第一批新闻与传播硕士专业的研究生即将毕业，但未来人文学院的薪火还会继续延续。作为第一届毕业的学姐，郝一璇给学弟学妹们提出了三点建议：一是要做到以学习为重，积极参加学术、科研竞赛等活动，锻炼自己的思维方式与研究能力；二是提前规划好读研节奏，练好动态规划时间的能力，养成良好的作息时间，在有限的时间内做好更多的事情。三是关于就业，不要临毕业才"临阵磨枪"，需要提前明确就业目标，做好相应的知识储备与经验积累，这样才能实现高质量、高效率就业，找到合适的工作。

郝一璇说：学会规划时间是一种高级的自律。

将"研"途风景作成五彩斑斓的诗

　　有人说,研究生生活是每日泡在各种文献研究中度过的;有人说,研究生生活是在乏味枯燥的实验室里度过的,但对于马克思主义学院 2018 级研究生江成同学来说,看似单调的研究生生活实则是一首五彩斑斓的诗。

　　在读研期间,研究生会、项目比赛、研讨会,每一个活动上都有她的身影;跳舞、画画、写作,每一种兴趣爱好她都没有落下。但这并没有影响到她的学习生活,在研究生期间,她获得了国家奖学金、重庆市"优秀学生干部"、重庆市"优秀毕业生"等荣誉,接下来就让我们走近这位优秀的交大学子吧。

抓紧每一分每一秒,保持对生活的热爱

　　"在辛苦枯燥的研究生生活中,想要安排好自己的爱好的同时又不落下学习,最大的秘诀就是抓紧时间,完成计划,按计划完成每天

的生活。"江成这样说道。在她的研究生生活中,爱好占用了很大一部分时间:参加研究生会的舞蹈部表演节目,业余时间跳舞画画,参加写作论坛……这些都是她挤出来的宝贵时间。每天除了在图书馆学习,其余的一切时间都被她写进计划好好利用了起来。而在假期时,江成也会合理地利用这些时间去看书、写文章、旅游或是参加像"三下乡"这样的活动,在枯燥的学习中放松心情,扩宽视野。她还提到,在大学中,劳逸结合也是很重要的。

不仅如此,在研究生期间,江成还加入了校研究生会办公室、党建暨廉政文化学社。在那里,她结识了一批志同道合的朋友,接触到了许多新的领域,学习到了新的知识。她说在各种社团的活动和与大家交流的过程中,自己的人际沟通能力、组织能力、应急处突能力、写作能力等都有所增长,处理事务时考虑得更加周到。而且,参与各类活动也增强了她的信心,学会了如何去展示自己,自己在舞台上也变得更加自信。

当被问到如何在发展爱好的同时兼顾学业时,江成回答道:首先要明确一个定位,那就是把学业放在第一位,社团活动第二位,第三才是玩,平时可以去玩、去放松,但学习永远是最重要的,玩就要玩到位,学就要认真学。她认为,自律才能带来自由。

专心、细心、精心,做大家满意的学生干部

如何成为一个同学们喜爱的学生干部?作为重庆市优秀学生干部的江成给出了自己的看法:"学生干部最需要的能力是什么呢?我认为最需要注意的是沟通和共情,很多事情没有做好是因为没有沟通到位,双方的信息闭塞,不能站在对方的角度思考问题,所以才会出现矛盾。如果在工作中沟通好,理解对方,双方配合,举办活动就会很顺利。"

有很多人认为干部是一个费力不讨好的职位,她认为不是这样的,可能是有些人理解错了,学生干部不是高高在上,给别人发号施令的,学生干部其实是一种为学生服务、十分接地气的工作。如果自

己不能做到为大家服务,那最好不要去当干部。当你的心态调整好了,在工作中的确完成得不错,大家就会认可你,自然不会存在费力不讨好的事,因为群众的眼睛是雪亮的。

制定详细目标,让自己从量变到质变

在谈到目标的时候,江成是这样说的:在刚进入研究生生活时是满怀希望的,希望自己能够在研究生期间学习到更多知识,锻炼更多的能力,心态很积极乐观。但其实自己当时只有一个大致方向,没有具体目标,只想当教师,但是去大学还是中学,自己都没有确定。然后她的导师就让她写了一份职业生涯规划。她第一次把自己的目标写了出来:当一名教师,还包括每一年要完成的目标,包括在学习科研,实践能力等方面。后来她开始一步步完成了那些目标,比如在学习上获得了国家奖学金,在科研上在发表了中文核心期刊,在实践活动中获得了第六届互联网+创新创业大赛银奖(重庆赛区)、重庆交通大学暑期优秀社会实践团队等荣誉。

"我很感谢我的导师吴成国教授,让我在制定计划的过程中,慢慢完成了从量变到质变的过程。这些计划刚开始完成起来很难,但是抱着好心态,慢慢尝试,付出了总会有一定收获。"

现在,她已经成为一名党校教师,完成了当时为自己定下的目标。

把握最美好的时光,发现更好的自己

在最后,她建议各位学弟学妹:大学里,一定要珍惜时间,珍惜学校给我们提供的浓厚学习氛围,因为错过了大学这个学习的好时机,以后工作了就没有那么多时间静心学习了。

江成说:校园时光一瞬而过,希望学弟学妹们多多丰富自己的大学生活,多尝试自己从未尝试过的领域。

把担当刻在巴蜀大地上

　　袁飞云,我校桥梁与结构工程专业 1990 级校友。袁飞云投身涉藏地区高速公路建设 13 年,他所带领的建设团队结束了甘孜藏族自治州涉藏地区不通高速公路的历史。2022 年,"9·5"泸定地震发生后,作为在建泸石高速公路项目负责人,袁飞云主动请缨前往一线救援,指挥抢通了泸定县城至震中磨西镇的生命通道,为后续救援队伍争取更多时间。在他的统筹指挥下,蜀道集团所负责的 21 条国省干线及县乡道路约 140 km 被抢通,成功帮助泸石高速公路沿线近千名群众及工友脱困。袁飞云入选 2022 年感动交通年度人物候选人,中国交通报以《袁飞云:把担当刻在巴蜀大地上》为题,对袁飞云进行了报道。

　　在袁飞云看来,时间是最宝贵的东西。

　　当地震来临时,他想的是,"尽快抢通道路,为营救生命争取黄金 72 小时"。

当病魔侵扰时,他想的是,"还有那么多条路没有修完,还有那么多工程难题没有攻克"。

当新人入职时,他想的是,"得抓紧时间,尽快把他们培养成才"。

给时间以生命

2022 年,"9·5"泸定地震发生后,袁飞云领导指挥抗震救灾,成功营救泸石高速公路沿线近千名群众及工友。

从业 29 年来,他带领团队在川藏梯度带的高速公路建设及营运过程中勇往直前,结束了甘孜藏族自治州涉藏地区不通高速公路的历史。

如今,他所在的四川雅康、泸石高速公路有限责任公司员工平均年龄不到 35 岁,为蜀道集团乃至四川交通培养储备了一批懂技术、善管理的年轻人才。

时间证明,他把担当刻在了巴蜀大地上。

给生命以希望

"每个生命的背后都有一个家庭,我们交通人修路架桥就是想让大家过得更好,所以我有责任让每个人都安全回家。""9·5"泸定地震发生后,袁飞云指挥抢通蜀道集团负责的 21 条国省干线公路以及 140 km 县乡公路,帮助泸石高速公路沿线近千人脱困。

时针回拨,2022 年 9 月 5 日 12 时 52 分,四川泸定发生 6.8 级地震。

"先是听到'砰'的一声,以为是隧道在爆破,跑出来后看到大片大片的山体滑塌下来,冒出一阵阵烟尘,滚落飞溅的石头将 217 省道拦截成几段,路基、汽车伴随着山体的坠落一同倾泻而下,在大渡河激起一朵朵巨大的水花。"泸石高速公路项目 TJ6 标安全环保科副科长杨继志至今心有余悸。

与杨继志一样,项目上很多年轻人没有经历过地震,何况彼时身处震中。

"我从项目驻地的办公楼上跑下来时,看到人群慌乱地散落在空旷的场地上。"经历过 2008 年"5·12"汶川特大地震的袁飞云当即让人群靠拢过来,以他为中心形成一个"同心圆"。

"有了'主心骨''定海针',大家提着的心慢慢放了下来。"让四川雅康、泸石高速公路有限责任公司安全环保部部长彭志忠印象深刻的是,每逢大事有静气的袁飞云在山崩地裂前,依旧沉着冷静,"他第一时间确认项目驻地每个人都安全后,立刻开始安排抗震救灾。"

作为项目一线负责人,袁飞云主动请缨,担任蜀道集团抗震救灾现场应急指挥部的指挥长,"我们立即启动地震应急预案,紧急派出踏勘小组,第一时间深入一线了解受灾情况。"

当时,凭借断断续续的卫星电话记录、短信记录以及踏勘队从震区带回的信息,基本情况已被摸清:震中磨西只能通过 434 省道挺进,而 217 省道泸定至石棉段多处因滑坡、塌方导致道路中断,泸石高速公路 TJ6、TJ7、TJ8 标共计 462 人被困工点,沿线周边多个村落、项目成为"孤岛"。

生命为号,灾情为令。"我们要把抢救生命放在第一位,哪怕只有一线希望,也要付出百分之百的努力!"袁飞云向四川省交通运输厅现场指挥部汇报抢通救援方案后,及时将往震中推进的康定、泸定、石棉划为三个片区。

石棉片区从石棉县城兵分两路沿大渡河两岸逆流而上,1 天时间便抢通公路 10 余 km;康定片区从地震当天下午就直奔磨西,沿着榆磨路、磨海路等开展抢通工作;泸定片区在抢通 318 国道的同时,仅用 21 小时便抢通 217 省道金光村的塌方体,并在第二天晚上,顺利抢通泸定县城至震中磨西段,抢险救援车辆得以迅速奔赴震中磨西镇;同时,泸定片区、石棉片区积极协调冲锋舟、皮筏艇,迅速转运被困工人,并配合转运受困群众,9 月 7 日 8 时 30 分,伴随着最后一艘冲锋舟成功上岸,泸石高速公路沿线近千名受困工友和群众成功脱困,得到妥善安置。

地震发生以来每天只睡三四个小时的袁飞云,在看到前线拍摄的"我们平安了"的视频后,长舒一口气,"晚上终于可以睡个安稳觉了。"

震后,泸石高速公路全线各项目迅速复工,灾区也渐渐恢复了往日的宁静,但英雄的事迹不会被忘记。甘孜州、雅安市分别发来感谢信,感谢袁飞云及其负责的四川雅康、泸石高速公路有限责任公司在危难时刻给予的重要帮助,袁飞云带领的"泸石青年突击队"被四川省精神文明办公室评为"'9·5'泸定地震抗震救灾优秀志愿服务组织"。

为什么项目能够如此快速地开展应急避险以及复工复产?

四川雅康、泸石高速公路有限责任公司工程部部长胡媛将其归功于袁飞云的先见之明:"项目从选址开始,他就带领团队亲自踏勘,充分考虑地震、库岸再造等的因素,提出并研究路线方案 14 个,是正常高速公路选线方案的 2~3 倍,最终形成相对最优的初设路线方案,进一步降低全寿命周期地质安全风险。特别是经过详细调研后,将原来联合村隧道出口大渡河右岸的线路(217 省道一侧),全部往左岸移了,这次地震证明了当初选线的正确性。"

未雨绸缪,防患未然。"作为业主单位负责人,袁飞云从项目开工以来就高度重视临灾应急避险工作,每年都要在全线各标段开展地震应急演练,就在地震前,我们 TJ6 标刚组织了抗震救灾工作的应急演练,工人们才能在地震来临时,选择正确的逃生方向。"杨继志说。

给梦想以奋斗

"人可以普通,但不可以平庸。"出生于 1972 年的袁飞云,认为自己与《平凡的世界》中的孙少平对梦想的追逐有某种相似的执着,"生活不能等待别人来安排,要自己去争取与奋斗。"

受家里大哥的影响,高考填志愿时,他的梦想变得更加具象——交通。从此,他找到了一生为之奋斗的事业。

"跟他共过事的人都知道,他喜欢干这行,几乎永远在一线。"用四川藏区高速公路有限责任公司原监事会主席冯学钢的话说,"要变成泥鳅,就必须要钻土。要管理好工程,就不能在办公室指手画脚,要经常下工地。"

既然选择了远方,便只顾风雨兼程。2020 年,泸石高速公路项目正式开工建设。作为项目业主方,袁飞云将项目驻地设置在离杵坭隧道口只有 50 m 的地方,这也是四川省为数不多将驻地设在农村的项目公司,"工地上的施工声音,就像交响乐一样,每天听着心里才踏实。"

的确,跟石头和泥土相处的时间久了,自然能摸清它们的秉性,知道该如何跟它们打交道。

大渡河畔,泸石高速公路顺着河道两岸绿色"生长"。混凝土拌和工序如何优化、生产生活污水如何循环处理、扬尘污染如何防治。袁飞云团队将高速公路当做工艺品精雕细琢,反复游走于每个细节,力求绿色生态之美,统筹规划项目全寿命周期环境保护和水土保持工作,积极推行全流程、全工序、全循环的"三全"工作法,首次提出并打造"三零"工程(洞口"零开挖"、污染"零排放"、沟通"零距离"),实现项目建设环境"零"影响。

到过川西高原的人都知道,这里梯度带地势起伏大,山川平行相间,形成高山峡谷地貌,大小山洪、滑坡、岩爆、瓦斯气囊、泥石流是这里的"常客"。在这里修公路,被业内称为挑战雄鹰飞不过的"工程建设的珠穆朗玛峰"。

"山就在那里,交通人干的就是逢山开路、遇水搭桥的活儿。"在袁飞云看来,巴山蜀水庇护、浇灌着自己的家庭和事业,"一方水土养一方人,一方人也要兴一方水土。"

于是,在三大断裂带交会交错的四川涉藏地区高速公路建设中,他一待就是 13 年。

　　其间，他参加雅康、汶马、绵九、汶九等涉藏地区高速公路的前期工作和投资建设管理，参与研究的《四川藏区复杂环境高速公路隧道建设与运营安全风险防控关键技术》，围绕隧道施工风险防控技术、隧道群结构安全监测技术、环境敏感区隧道防排水技术以及长大隧道与隧道群行车安全保障与节能控制技术等方面展开，形成四川涉藏地区复杂环境高速公路隧道建设与运营安全风险防控关键技术，填补了国内外该领域的多项技术空白，直接解决了雅康、汶马高速公路隧道建设与营运中的安全风险防控难题，为我国西部山区及涉藏地区的多条铁路、公路的建设与运营提供了宝贵的技术参考；《川西高原梯度带高速公路滑坡灾害防控关键技术及应用》首次提出川西高原梯度带的定义和区划，揭示了川西高原梯度带内外动力联合作用下斜坡地质灾害发育分布规律与滑坡机理，解决了前人难以量化双排桩推力大小分配和滑坡动态稳定性评价的难题，攻克了川西高原梯度带高速公路滑坡灾害机理、推力计算、抗震设计和监测预警等重大科技难题，研究成果为青藏高原周缘梯度带地质灾害防控技术水平升级提供了创新和应用示范。

　　视公路为一生的伙伴，与己共四季，知冷暖。所以，即使晚上 10 点接受完采访，袁飞云也要连夜从成都赶回泸定的项目驻地，"走自己修的路，安全！"

给精神以传承

　　工作压力大的时候，袁飞云会到离泸石高速公路项目不远的泸定县二郎山川藏公路纪念馆看看，"里面一个个催人泪下的筑路故事，每次都让我深受触动，跟青藏、川藏公路建设相比起来，我们现在遇到的这点困难算什么。"

　　身处"两路"精神的发祥地，身体里自然流淌着"顽强拼搏、甘当路石"的血脉。而将血脉传承并被袁飞云视为导师的，便是参与过川藏公路养护的四川老交通人张传贤。

"数据准不准,要亲自拿尺子去量一量。"时至今日,袁飞云依旧清晰地记得隆纳高速公路工地上张老的教诲,"从张老身上学到了谦和做人、严谨做事。"

"现在我也有责任把这种精神传承下去。"袁飞云在公司倡导"双导师"制,对于每年入职的新人,由所在业务部门负责人做技术导师,公司管理层做管理导师,"希望通过这种模式,去寻找每个人的各种可能性,这个可能性既有成功也有失败,但都要去尝试。"

今年 27 岁的唐邦校便是"双导师"制培养模式的受益者。如今的他年少老成,谈起工程管理,思维缜密,逻辑严谨。

其实,刚被分到泸石高速公路项目时,从繁华都市到深山茂林,路越走越窄,等到村里的项目驻地时,唐邦校的心里凉了一半,"工地这条件,自己能待多久?"

"不要浮于表面,潜下去学到东西,路才能越走越宽。"作为唐邦校的管理导师,袁飞云深知说教最无力,身体力行才能让年轻人明了追求工程管理细节的方法与意义。他每天要在路上跑几趟,回到办公室再把相关流程梳理一遍,让记忆安放得妥帖。

那些直面现实的清醒,默默积蓄力量,找回方向的坚定,让唐邦校往后每一天,就像获得新生。

在项目工作期间,唐邦校每天中午、下午都准时跑到隧道口观察和记录,花了一个月时间把隧道施工流程搞懂了。在袁飞云的教导下,他学会了如何做好项目管理流程、当好服务型业主,学会了"工作一定要做细做实,心里装本'明白账',不能有半点疏漏"。

"工程管理经验的积累不是在书本上,而是在工地上。只有在施工一线才能真正了解管理上的痛点、难点,袁董让我们到工地上去,这样才能不死板不教条,不眼高手低。"于是,烈日暴晒、风吹雨打成为唐邦校工作中的家常便饭,可正是这份努力让他的专业知识和素养快速提升,迅速从"新手"变成"行家里手"。

　　师徒结对育桃李,惟愿枝间子初成。袁飞云通过双导师制的"传帮带",让来到泸石高速公路项目的年轻人视野更开阔,问题意识更清晰,研究思路也更明朗,进一步增强了他们对工作的信心和动力,为项目高质量发展提供了充足动力。

　　"和年轻人在一起能找到年轻的状态。"袁飞云说,虽说是师徒关系,但更多的像是朋友。"师父指导徒弟专业知识,徒弟也能举一反三,让师父思考自己从事多年的工作是否有另外一层含义。"

　　在袁飞云看来,"双导师"制并不局限于师父单方面输出知识和技能,而是师徒双方都获益的互动交换的过程,是个共同成长的过程。

　　如今,四川雅康、泸石高速公路有限责任公司员工平均年龄不到35岁,个个都在自己负责的领域独当一面。年轻的血液激情澎湃,滋养大渡河畔的高速公路拔节生长。

　　"公路'生长'了,人也得到了成长,这都需要时间。"在袁飞云看来,时间是最宝贵的东西。在他的时间轴里,曾经的山崩地裂、满目疮痍,曾经的艰难、疑惑、忍耐,都在鬓角的白发之间呼啸而过,留在心中的仍是壮心不已。远远望去,在他的脚下,看到的不只是一条路,是自己人生的跑道,是延伸与传颂巴蜀大地历史的脉络。

　　袁飞云说:工作一定要做细做实,心里装本"明白账",不能有半点疏漏,愿母校的学子们在工作中传承发扬顽强拼搏、甘当路石的"两路精神"。

碧水飞虹　天堑通途

　　郑皆连,1965 届校友,中国工程院院士。一直以来,郑皆连院士心系母校发展,从带领团队成员开展科研工作,到指导学校重点科研平台建设发展大计,再到为学校科技创新成果转化出谋划策,为学校发展不遗余力,无时无刻不饱含着对母校的深情厚谊。近日,人民日报以《碧水飞虹 天堑通途——中国工程院院士郑皆连的拱桥人生》为题,对郑皆连院士进行了报道。

　　天峨龙滩特大桥位于广西河池市天峨县龙滩大坝上游 6 km 处,由郑皆连主持建造。该桥全长近 2 500 m,其中主桥为计算跨径 600 m 的上承式劲性骨架混凝土拱桥,建成后将刷新拱桥跨径世界纪录。

"我做了三手准备，一定要成功"

1941年，郑皆连出生于四川内江的一个农民家庭。1965年，大学毕业的郑皆连被分配到广西百色公路总段工作。从此，他便在这片土地上扎下了根。

广西山多水多，河流密布，当时的交通基础设施较为落后，河流上架设的多为木桥，一到汛期，常被冲毁，交通就陷入瘫痪。

怎样把临时性的木桥替换成永久性的桥梁？郑皆连不断琢磨这个问题。当时，国家大力推广双曲拱桥技术，其安装方便、用料节省，是当时建设经费十分紧张的广西迫切所需。但是，这个技术也存在短板——拱桥的传统施工方法是搭建支架建造，有的地方水深流急，可能搭不起支架或搭架成本非常高，建造过程中一旦河流涨水，湍急的水流容易将支架冲走，导致施工中断。

1968年初，交通部在江苏无锡召开会议，把"双曲拱桥无支架施工"列为重点科研项目，召集部分省份的桥梁工作者开展试点研究。郑皆连参加了这次会议，受到很大触动。

回来后，郑皆连把原支架施工的广西灵山三里江大桥设计方案改为无支架施工方案，并主持施工。没有实验平台，郑皆连靠手绘图和计算，克服艰苦条件，进行不懈地探索和技术攻关。经过深思熟虑和反复计算，他琢磨出一套行之有效的无支架施工方法——通过拱肋分段预制、缆索起重机吊运、钢丝绳扣挂、滑轮组减力、手摇绞车收放、松索合龙等，把传统的桥梁下方支架支撑转变为上方悬吊。

"科研可以有无数次失败，但是桥梁工程是不允许失败的。"郑皆连说，为了确保万无一失，他对每个细节都做了反复推敲，"当时我做了三手准备，一定要成功。"

1968年10月，跨径46 m的三里江大桥顺利建成，这是我国第一座无支架施工双曲拱桥，结束了千百年来修拱桥必须搭支架的历史，无支架施工也成为传统拱桥和现代拱桥的分水岭。

三里江大桥建成后,全国多个省区的桥梁专家前来参观,双曲拱桥无支架施工技术在全国迅速推广开来,仅广西用这种方法修建的双曲拱桥就达上万延米。

"老是建拱桥,不知不觉就上瘾了"

双曲拱桥施工方便,它把拱圈化整为零,最后再拼成一个完整的拱圈。但由于连接部位多,容易开裂。发现这个局限性后,郑皆连又埋头研究新的工艺。

1976年,郑皆连吸取了福建闽清大桥建设的成功经验并大胆加以改进,成功地设计了跨径组合为90+105+90 m、重量轻、经济美观的来宾红水河大桥。这是广西第一座无支架施工的箱型拱桥,也是当时全国同类型桥梁中规模最大的钢筋混凝土箱型拱桥。

与此同时,郑皆连利用申请到的几次上机机会,在当时广西唯一的一台计算机上编出了拱桥静力计算程序。来宾红水河大桥的成功建造让钢筋混凝土箱型拱桥的工艺逐渐走向标准化。

"来宾红水河大桥做得非常成功,被人称为'母桥'。"郑皆连说。在之后的十几年里,广西采用相同计算软件设计、相似结构及相似施工方法,接连成功建设了几十座箱型拱桥,占到当时广西公路大桥总数的70%。

现代桥梁有4种基本桥型:拱桥、斜拉桥、梁桥、悬索桥,郑皆连为何对拱桥情有独钟?

"这4种桥型中,拱桥的历史最为悠久。"郑皆连介绍,中国的赵州桥建设于1 400多年前,被认为是世界上第一座敞肩拱石拱桥。至今,赵州桥仍屹立在河北赵县的洨河上。

"拱桥寿命为何如此长?这是它受力合理的结果。"郑皆连说,它把承受的垂直力自动转化为拱圈轴向压力,承载能力强、刚度大、耐久性好。与此同时,拱桥对地基要求高,广西属于典型的喀斯特地貌,岩石普遍裸露或埋得不深,这样的地质特点很适合修建拱桥。

　　"相较其他桥型,拱桥造价较低、耐久、美观,对于经济相对欠发达的广西而言,能实现'花最少的钱、办最大的事',所以广西适合发展拱桥。"郑皆连说,"老是建拱桥,不知不觉就上瘾了,当然我也主持修建过其他桥型,但还是以拱桥为主。"

　　在半个多世纪的桥梁建设生涯中,郑皆连带领团队创造了多个"第一":主持修建了广西第一条高速公路——桂柳高速;主持修建了当时世界最大跨径的钢管混凝土拱桥——跨径 530 m 的四川合江长江一桥;指导修建了世界最大跨径的铁路钢管混凝土拱桥——跨径 430 m 的拉林铁路雅鲁藏布江藏木特大桥……与取得多项突破相伴的是,郑皆连先后获 3 项国家科技进步奖、茅以升科学技术奖—桥梁大奖……他主持的大桥项目相继荣获国际桥梁大会最高奖——乔治·理查德森奖、中国土木工程詹天佑奖、中国建设工程鲁班奖……2020 年 5 月,郑皆连领衔的大跨拱桥关键技术研究团队获全国创新争先奖牌,是全国十支获奖团队中基本建设领域唯一获奖团队。

"花最少的钱,造最好的桥"

　　房子看高,桥梁看跨。桥梁的主跨长度,是衡量桥梁技术水平和建设能力的重要标志。跨度越大,意味着相应的建设难度也越大。

　　2017 年,根据广西交通发展规划,荔浦至玉林高速公路平南北互通连接线要跨越浔江修建平南三桥。初步设计时,根据桥位地形、通航、行洪等要求,经反复论证,平南三桥主桥跨度须大于 500 m,可供选择的桥型只有斜拉桥、悬索桥和拱桥三种。

　　其中,500 m 级斜拉桥和悬索桥技术较为成熟,施工风险小,但造价高,且后期维护费用大。相较而言,拱桥造价低、刚度大、耐久性好且美观。"花最少的钱,造最好的桥"是郑皆连一贯的工作理念。经过计算分析和反复论证,他提出了建设钢管混凝土拱桥的方案,较最初设计院推荐的方案节省投资 8 000 多万元。

　　然而,在评审时,郑皆连的方案被否定了。有专家认为,建造拱桥风险太高,理由是桥址南岸是岩石地基,而桥址北岸拱座区域基岩上方分别覆盖 18 m~22 m 的粉质黏土以及 15 m~18 m 厚的卵石层,这种一岸为结实基岩、另一岸是卵石层的地质条件,不符合传统拱桥的建造要求。

面对质疑,郑皆连立即开展论证:"虽然拱桥的跨径超过当时世界上各类拱桥,存在一定风险,但完全是可控的。"他连夜手写了满满三页半的提纲,专程赴交通运输部汇报,对钢管混凝土拱桥工程风险及造价风险可控的依据进行了详尽阐述和分析。

"有人说我是为了破世界纪录,所以主张修拱桥,认为造价是有意报低的,问我为什么都快 80 岁了,还要跟设计院和审查单位的意见相左。"郑皆连说,"我的回答是,平南县当时是个贫困县,拱桥方案能节约几千万元,而且建成后的维护费每年还比斜拉桥少 100 多万元,这类长期费用都要平南县买单。"

经过努力,交通运输部、自治区交通运输厅批准了郑皆连的建议。彼时已 76 岁的郑皆连,主动请战出任平南三桥建设专家组组长,与参建各方共担风险。

建设平南三桥的过程中,郑皆连带领团队刻苦攻关,在国内首次把"圆形地连墙+卵石层注浆加固"方案成功应用到拱桥建设中;运用北斗卫星定位系统、智能张拉等技术,以力主动控制代替刚度被动控制,将 200 m 高的塔架顶部偏位精确控制在 20 mm 以内……最终,平南三桥建设历时 28 个月,提前 15 个月完工,建设过程中实现了零事故、质量全优良。

2020 年 12 月 28 日,跨径 575 m 的平南三桥正式建成通车,一举超越主跨长 552 m 的重庆朝天门长江大桥,刷新了世界拱桥跨径纪录。

更令人振奋的是,在平南三桥建设中,郑皆连领衔的研究团队"产学研"充分融合,全程走在设计、施工的前边,具有完全的中国知识产权,获授权 9 项国家发明专利;拱桥造价严格控制在预算价格内,比悬索桥节省 8 000 多万元,比斜拉桥节省 3 000 多万元,建成后的养护费用也比斜拉桥和悬索桥每年节省 100 多万元;拱桥刚度比悬索桥大 10 多倍,比斜拉桥大 8 倍多……

"平南三桥是我从业 50 多年以来最满意的一座桥。"郑皆连自豪地说。美国工程院院士、中国工程院外籍院士邓文中曾这样评价:"平南三桥代表了现代钢管混凝土拱桥甚至拱桥的最高建造水平,引领了拱桥技术发展方向,为国际桥梁科技进步、提升世界各国交通基础设施建设水平贡献了中国智慧。"

"后面要靠诸君努力了"

眼下,郑皆连正带领团队向着新的目标全力攻关:他主持修建的广西天峨龙滩特大桥一旦建成,可使混凝土拱桥跨径一次性增长 155 m,将刷新拱桥跨径世界纪录。天峨龙滩特大桥是广西南丹至天峨下老高速公路的控制性工程,主桥是跨径为 600 m 的上承式劲性骨架混凝土拱桥,该项目预计今年年底建成通车。

几十年来,全世界混凝土跨径拱桥每年增长 1.5 m,把混凝土拱桥跨径的世界纪录提高 155 m,相当于干了一百年的活。

郑皆连既是追求卓越的科学大家,又是传道授业解惑的师者。2015 年,74 岁的郑皆连调入广西大学,他竭尽全力培养更多中青年优秀人才,助力桥梁事业的持续发展。

在广西大学,学生们经常能看到这样一道"风景":一位眉发花白、精神矍铄的老人骑着一辆电动小三轮车去教学楼授课。

"这让我印象非常深刻,也觉得非常有趣。"郑皆连的博士研究生李颢旭说,作为著名桥梁专家,郑皆连却出人意料地选择了如此简朴的出行方式,"每当看到他驾驶着小三轮车,面带微笑地与大家打招呼,我都会感受到他平易近人的人格魅力,感佩他淡泊名利、追求朴素的生活态度。"

令人意想不到的还有一个细节——郑皆连的微信名叫"倔老

头"。"这个名字充满了幽默感和自嘲色彩,也形象地展现了老师在工作和学术上的坚定和执着。"李颢旭说,无论是在科研工作中攻坚克难、追求卓越,还是在培养年轻人才时严谨要求、细致指导,这种倔强的品质为他赢得了广泛的尊重和赞誉。

"第一次见面时,老师就问我对桥梁研究是否有兴趣。"郑皆连的博士研究生石拓说,"他说兴趣是最好的老师,如果不热爱自己正在做的事,就很难把事情做好。"

"如果想把一生都献给科技事业,就应树立终身奋斗的信念,善于发现需求,找准问题,然后持之以恒地研究。"郑皆连语重心长地鼓励年轻科技工作者,"科学研究需要不断发现新问题、解决新问题,搞科研不能一蹴而就,也无法只凭灵光一现就把问题解决。"

"大量修拱桥就会遇到大量的问题亟待解决,就会产生大量的技术创新。"郑皆连认为,桥梁专业是应用型专业,桥梁专业的师生应当在重大工程中接受锻炼,提高能力,磨砺意志,"我已经80多岁了,后面要靠诸君努力了。"

在他年少时,广西群众艰难行走在简易的木桥上;在他古稀时,广西乃至全国的山河间,一道道飞虹已然让天堑变通途。以郑皆连为代表的中国桥梁专家用半个多世纪的不懈努力,让越来越多的国人享受着便捷的民生桥、幸福桥,让中国的拱桥事业在世界奏响动人的华彩乐章。

郑皆连说:兴趣是最好的老师,如果不热爱自己正在做的事,就很难把事情做好。如果想把一生都献给科技事业,就应树立终身奋斗的信念,善于发现需求,找准问题,然后持之以恒地研究。